よさこいは、なぜ全国に広がったのか

日本最大の交流する祭り

川竹大輔

リーブル出版

よさこいは、なぜ全国に広がったのか

～日本最大の交流する祭り～

はじめに

平成になって日本で普及したもので代表的なものは携帯電話やインターネットだが、もう一つ、全国各地に広がったものといえば、鳴子と呼ばれる打楽器を鳴らして踊る、よさこい形式の踊り・イベントがあげられる。

四国の高知でしか踊る、見ることができなかったよさこいが、札幌でYOSAKOIソーラン祭りが始まってから、全国あちこちでいつでも見物できるようになったのが、この30年近いときの成果だ。交流する祭り、参加型の祭りとして国内最大の規模に、世界でもまれな形でよさこいは成長した。

大晦日にNHKで放送される紅白歌合戦でも、平成29年（2017）：坂本冬美『男の火祭り』と平成30年（2018）：天童よしみ『ソーラン祭り節2018～どさんこver.～』で、よさこいの踊りを見ることができた。

本書では、主として平成4年（1992）6月に北海道札幌市でYOSAKOIソーラン祭りが誕生して、その急激な成長に影響を受けて全国によさこい形式のイベントが生まれ、そして令和元年（2019）にいたる姿を紹介したいと思う。

構成としては、YOSAKOIソーラン祭りの成立までに高知のよさこい祭りがどう始まって進化していたのかをまず述べる。次に、ＹＯＳＡＫＯＩソーラン祭りはどのように誕生して成長を遂げていたのか、全国によさこい形式のイベントはどう広がっていったのか、そして、高知のよさこい祭りはどのように変容をしたのか、１９９０年代から２００５年前後までの動きを追うことをしてみたい。

そして、ＹＯＳＡＫＯＩソーラン祭りの規模拡大にブレーキがかかりつつ、各地のよさこいイベントも参加団体数の増加としては停滞気味になりながら、それでもよさこい発祥の高知では参加チーム数が伸びている様子を伝え、国内最大の交流する祭りとして災害の復興支援や地方への移住に対するよさこいの貢献、大学生や海外チームの増加、中・高校生への広がりといった交流や教育面での今後に向けた動きが目立つ２０１０年代の動きを記述したいと考える。

高知市郊外出身の筆者としては、小学生ぐらいのころからよさこい祭りは家族とともに近くの競演場で見る祭りで、あとは小学校高学年では正調よさこいを運動会で踊り、テレビ中継を眺めるものだった。

それが地元で高校を卒業して、東京で大学生としての生活を送るうち、東京大学教養学部で専攻した文化人類学教室で見つめなおすことになった。平成3年（１９９１）夏の3年次に社会調査実習でよさこい祭り調査を伊藤亜人先生の指導のもとで行ったのをきっかけにして、札幌でのＹＯＳＡＫＯＩソーラン祭りの創立に学生メンバーの一人として参加することになったからだ。

そして、社会人となって市会議員をした三重県津市で安濃津よさこいの立ち上げに関係することになって、高知に戻って仕事をするようになってからも、札幌、高知、名古屋、津市のよさこいは毎年のように見るようにしている。

本書で記述することは、そういった過程のなかで見聞きしてきたこと、考えてきたことを、平成30年（２０１８）前期から高知大学共通教育授業として「よさこい概論」の科目名で、これまでのよさこい研究の蓄積やゲスト講師の助けを得て、学生に教えていることをベースにまとめたものだ。

もくじ

Chapter

2

国内最大の交流する祭り、よさこい

Chapter
3
未来に向かうよさこい

Chapter 1

こうして よさこいは生まれ、全国に広がった

Yosakoi Story

よさこい祭りの誕生と進化

よさこい祭りの誕生

鳴子を手によさこい節を入れた踊りを、多数の団体からなる踊り子が集団として街頭で披露するよさこい祭りが始まったのは、戦後の復興期にあたる昭和29年（1954）8月だ。

高知商工会議所の入交太兵衛氏ら有志の提言がきっかけで、隣県で盛大に開催されている阿波踊りを参考に、一度きりの開催で終わるイベントではなく、毎年、高知に活気をもたらす新しい祭りをつくることになり、高知の日本舞踊5流派（花柳、若柳、藤間、坂東、山村）や作曲家・武政英策氏（1907〜1982）の協力で、従来からあったよさこい節を活用してよさこい鳴子踊りを考案して、8月10日、11日の日程で開催された。

農作物を野鳥の害から守るために使われてきた道具であった鳴子を使うことを提案したのも武政英策氏で、伝統ある阿波踊りと対抗するためには素手ではだめで、「年にお米が2度とれる土佐において、何かやるといえば鳴子は圧巻だ。これなら阿波踊りに対抗できる」と思いついたものだ。

よさこい祭り創設期の高知商工会議所幹部

よさこい祭りに備えて楽曲や踊りを創作してほしいとの依頼があって5日間ほどで、盆踊りスタイルの正調と呼ばれる、よさこい鳴子踊りを仕上げたという。隣の阿波踊りに負けないようなものを、歌詞も曲も一切考えてほしい、と依頼する方も依頼を受ける方も、おおらかな時代を感じる。

武政英策氏は、昭和20年（1945）に戦災を逃れて夫人の出身地である高知に疎開し、そのまま高知に住むようになった。後に、ペギー葉山が歌って大ヒットをした「南国土佐をあとにして」も作った音楽家の貢献なしに、よさこい鳴子踊りは語れない。

なぜ、よさこい祭りの開催時期が8月10日、11日になったかといえば、阿波踊りと重複しない期間で雨が降らない確率が高いとのデータがあったからだ。8月は商店街にとって閑散期にあたるという要素も大きかった。行政に協力を求めることはもちろん、金融機関にも祭り期間中は休日にしてもらい、経済界で新しい祭りを盛り上げていった。

第３回ごろのよさこい祭り

第６回ごろのよさこい祭り

1回目のよさこい祭りは、21団体750人の踊り子による参加だったが、第6回の昭和34年（1959）には47団体2500人の参加にまで増えた。創設当時の方々の努力とよさこい鳴子踊りの魅力があってのことだろう。

戦後生まれのイベント祭りと呼ばれるものの多くがそうであるように、高知のよさこい祭りは宗教色がほとんどないままに、地域の人たちが市民の健康と繁栄を願い、商店街などの経済の活性化を期待して始まったことが特徴だ。

高知のよさこい祭りで競演場や演舞場の配置を見たときに、高知市で定めた大街《おおまち》という地区単位、小学校の校区単位と連動しているのだが、それも新しい戦後生まれの祭りを市民ぐるみのつながりで支えていこうとする意図の現れと解釈することができるかもしれない。

今の時代からは簡単に想像できない戦後の貧しい日常が続くなか、非日常的な「ハレの日」が必要だった高知市民のなかで、それぞれが主役で参加できる「市民参加型の祭り」が求められたということだろう。

進化に向かうよさこい祭り

よさこい祭りが高知市民の間で定着していく過程のなかでは、よさこい鳴子踊りの歌詞に対する違和感が新聞紙面で何度となく表明されたり、祭りの期間がこれで良いかとの議論もあったが、企業や学校のチームとしての参加も増えるなか、20年近い歴史を重ねるようになってきた。

正調とされる盆踊り風の音楽や振り付けも、1回目のよさこい祭りから何度も変更が加えられてきた。

そうして、よさこい祭りが定着してきた昭和47年（1972）には、よさこい祭りを進化する祭りとして特徴づけができる契機になったと語られる、初の海外遠征が高知商工会議所の会頭をしていた西山利平団長のもとで行われる。

フランス・ニースのカーニバルに招待を受けて踊りを披露した際、新しくサンバ調にアレンジしたよさこい鳴子踊りが披露されたのだ。

実は2年前の昭和45年（1970）に開かれた大阪万博によさこい祭りが「日本の祭り」10選の一つに選ばれて7月に出場した際に、よさこい鳴子踊りを創作した武政英策氏の工夫でテンポの速いリズムの正調踊りで高知から参加したところ、フランス・ニース市長の目に留まったのが海外遠征の縁につながった。

ニースのカーニバルではサンバ調にアレンジした踊りが好評で、フランス・ニースへの遠征は昭和48年（１９７３）にも実施された。

ニースのカーニバルに日本からは「佐渡おけさ」「山形の花笠」「岩手の鬼けんまい」と参加があったが、そのなかで「圧倒的に鳴子踊りが群衆の人気をさらった」と伝えられている。

そして、よさこい鳴子踊りを創作した武政英策氏が健在で、武政氏自身がよさこいに手を加えることを大衆が支える民俗芸能として肯定的に評価していたこともあって、高知のよさこい祭りにおいては第1回から続く盆踊り的な正調踊りばかりでなく、各団体がそれぞれに創意工夫をしながら鳴子とよさこい節があれば、あとは正調とかけはなれた、それぞれよさこいチームでオリジナルの音楽や踊りが盛んになっていく。

よさこい鳴子踊りの生みの親である武政英策氏が、『よさこい祭り20年史』（よさこい祭り振興会、１９７３）のなかで語っていることばが、よさこいの進化を肯定しているものとして興味深いので紹介したい。

「郷土芸能は民衆の心の躍動である。誰の誰べえが作ったかわからないものが、忘れられたり、まちがったりしながら、しだいに角がとれてシンプル化していくものである。要は、民衆の心に受け入れられるかどうかが問題で、よさこい鳴子踊りにしても、時代や人によって変わってきたし、これからどんなに変わっていってもかまわないと思っている」

いわば、よさこい鳴子踊りの生みの親自身で著作権をオープンにして自由なアレンジを認めたため、多くの楽曲にかかわる人々が自由なよさこい鳴子踊りを創造することになったということだ。

ただ、そういった、いわばよさこい祭りの現代的にアレンジした進化は、主催者側が意図して誘導したというよりも、祭り全体の企画運営をトップダウンで進めず、柔軟で主導性を主催者自ら抑制する姿勢のもと、自然に発展するように参加基盤・形式の多様化が進み、楽曲や踊りの自由化などが緩やかなルール変更のもとで起きたことは注目される。

市民主導の祭りになった背景

従来の伝統的とされた地域の祭りのなかでは、伝統こそが正統だと主張されがちだったのに対し、高知では独自のプロセスを踏んで、住民の主体的な参加を得て、地域の市民のあり方に沿いながら変化をしていった。

地域の市民のあり方でいえば、高知の政治状況の特徴的なこととして高知市政は革新市政が氏原、坂本、横山といった市長をトップに昭和26年（1951）から平成6年（1994）まで継続したのに対して、高知県政は自由民主党公認を得た溝渕、中内知事がトップに昭和30年（1955）から平成3年（1991）まで続いたことだ。高知市役所では住民と職員が一緒になって地域の計画づくりを行うコミュニティ計画づくりを特色の一つにしていた。

一見すると保守的な地方に見えながら、大規模な開発計画があると強い反対運動が起きて頓挫することが度々あって、原子力発電所を設置する計画が高知県内で公表され、自治体トップが受入検討を表明することがあっても実現されることはなかった。

高知県庁でも部長と若い職員が課長らを飛び越えて議論をするフラットな風土があるということが、筆者が橋本知事の秘書として県庁で勤めた2000年すぎには言われていて、独特な上下関係に対しては監督の指示どおりに動く野球チームとの対比で、「高知県庁は草野球のように司令塔がばらばらだ」といわれるときもあれば、「大リーグの野球のように優秀な個人が力を発揮している」と評価されるときもあった。

『よさこい祭り20年史』によると、第6回の昭和34年（1959）にはテレビ中継がスタートする、昭和35年（1960）の第7回では本部審査場が追手筋に移ってパレードが行われる、といった変化が徐々に起きた。昭和38年（1963）の第10回大会の記述では、

「バンドで派手に「よさこい」をかなでながら踊って通る」

「生一本の伝統スタイルで踊るチームもあれば、かなりのアレンジをきかせて、くずして踊るチームもある」

「衣装にもいろいろ工夫が凝らされていて」といった鳴子踊り紹介があって、審査員のなかでも高知市役所の広松助役が、「年々踊りが洗練されてきた。とくに鳴子をうまく使うようになったね。踊りが多少まちまちになっているが、かえってこの方が新味が出ていいように思う」と言っていたと出ている。

高知商工会議所が経済的な活性化を目指してつくった祭りではあるが、よさこい鳴子踊り

を考案した武政英策氏が時代の変化を反映したアレンジを良しとする背景を持ったなかで、よさこい祭りそのものの中心性・指導性に欠ける祭りの運営のあり方が、結果的に参加者の主体的な参加を促し、独特の自由を尊ぶ風土のもと市民主導の祭りを生み出したといえるだろう。

よさこい祭りの核となる会場の追手筋と中央公園の2カ所は、お囃子も歌詞も入らない、改めて武政英策氏に依頼した「基本の型」のよさこい鳴子踊りの曲だけで踊ると決めたこともあった（昭和46年（1971）の第18回）。しかし、それが遵守されることもなかった。『よさこい祭り60年』の記念誌の記述そのままに書くと、

「今回から本部競演場と中央公園競演場の2カ所では「規定」されているはずの、踊りと伴奏の「基本の型」もなんのその。ロック調バンドもあればカネ太鼓もあり、踊りもむしろこれまで以上に独自の工夫を凝らしたものが多く、これがまた黒山の見物客に大受け」といったありさまだった。

参加者が倍増したよさこい祭り

フランス・ニースの遠征から10年ほどが過ぎた1980年代のよさこい祭りには、町内会や商店街、企業や団体を母体とするチームのほかに、同好会形式のクラブチームといわれる

参加者がお金を出し合ってよさこい祭りに参加するチームなどによる華やかさを競う団体が増え、参加する人数も人口30万人そこそこの高知市で昭和55年（１９８０）ごろは6千人ほどだった参加者数は、平成元年（１９８９）には1万2千人の踊り子を数える規模にまで成長することになった。

それぞれのよさこいチームには、それぞれの音楽バンドが乗って生演奏をして走る地方車《じかたしゃ》が、高知の東西を貫く電車通りを走っていた。高校生バンドが結構な謝金をもらって演奏している姿が当たり前になっていた。

各チームを先導する地方車は、飾りをトラックに施して改造したもので、荷台には音響設備や照明が取り付けられ、スピーカーからの音楽に合わせて踊り子が練り歩くものだ。

よさこい祭りの当初は軽トラックの荷台に簡単なスピーカーを載せて、よさこいの音楽を録音テープから流しっぱなしにするスタイルだったが、徐々に進化した。

地方車のこだわりでは、生演奏を維持するチーム、ＤＪブースがあるチーム、木製装飾が鮮やかなチーム、ねぶた的な飾りが特徴的なチームなど、さまざまだ。

今に至るまで、高知のよさこい祭りでは、さきほど挙げた地域や企業をバックにしたよさこいチームだけでなく、ざっと挙げるだけでも、青年団体、宗教法人、政党、労働組合、生協、業界団体、武道の道場、スーパー、美容院、子ども会、学校、幼稚園、同窓会、市町村、飲食店、病院、自衛隊、農協、留学生、芸術家らといった多様な人のつながりでチームが形成され、チーム名を地方車にかかげて練り歩いていた。

現在のように一つのチームで上限150名という制限がなかったので、昭和56年（1981）のよさこい祭りでは、高知市子ども会連合会で総勢570名のチームも登場した。

仕事と住まいの場所が離れていることを基本とする現代都市である高知では、個人がそれぞれの選択できる縁に沿って参加するチームを選ぶ現象が起きていた。踊り子に謝礼を払っていた慣習は姿を消して、「お金を出しても踊りたい」という祭りになっていた。

町内を基本単位に暮らしていた江戸時代から続く歴史ある祭りではできないようなことが、戦後生まれのイベントとしてスタートしたよさこい祭りでは、市民のあり方に沿う形でやれていた。

高知では江戸時代から続くものとして城下町の町々が豪華さを競い合う花台が登場する祭礼があったが、明治から大正時代にかけて高知市内で電線、電話線がはりめぐらされるようになると、高い花台の運行ができなくなって姿を消していた。

そのような背景があるなか、戦後生まれのよさこい祭りそのものは高知県で最大規模のイベントであるのだが、1980年代まで祭り研究の視点で取り上げられることはなく、記録にあるものとしては昭和62年（1987）のシンポジウムで文化人類学者の伊藤亜人氏がコメント（よさこい祭り、中国・韓国の祭りとの比較『季刊人類学』）を述べて紹介する程度だった。

また、祭りがどこかで模倣されて広がるということでは、徳島県発祥の阿波踊りが東京の中央線沿いにある高円寺で1950年代後半から開催されていて、1980年代には高円寺阿波おどりの参加者が４千人と賑わっていたのに比べ、高知のよさこい祭りは各地のイベントで呼ばれて披露されることはあっても、それが他県に根づくような現象を見ることはなかった。

高知県内では、安芸、赤岡、土佐山田、宇佐、池川、須崎、窪川などでの夏や秋の祭りで、よさこい鳴子踊りが祭り演目にあって、いくつかのチームがよさこいを披露することはあったが、各地の県人会のほかに高知県以外でよさこいが広がっていくようなことは想像されていなかった。

阿波踊りは平成7年（１９９５）には東日本で南関東を中心に40カ所で開かれていた。それぞれの地域ごとに連があってあちこちでネットワークを広げ、一つの連が各地の阿波踊りを週末ごとに移動して相互に出演していたことが報告されている。

全国に広がるよさこい

ＹＯＳＡＫＯＩソーラン祭りの誕生

現代風のアレンジされた踊りが認められ、参加団体や踊り子数の規模は拡大してきたものの、全国的な知名度や観光客数は隣県の阿波踊りに比べると今ひとつだった高知のよさこい祭りが、他県に広がる最初になったのは、平成４年（１９９２）に始まったＹＯＳＡＫＯＩソーラン祭りだった。

それまで、よさこい鳴子踊りのチームが県外に遠征をすることはあっても、高知県以外の地域でよさこい鳴子踊りがまとまったイベントとして広がることはなかった。

ＹＯＳＡＫＯＩソーラン祭り（第１回は「よさこいソーランまつり」と称していた）を始めたのは、当時、北海道大学経済学部の学生だった愛知県出身の長谷川岳氏だ。

たまたま、母親が長期入院で滞在していた高知で見たよさこい祭りの活況をみて、自分と同年代の若者がいきいきと踊っている姿を目にして、自分が大学生として暮らす札幌で、高知のように若い人が自分からお金を支払っても参加したいと考える祭りを始めてみたいと思ったことがきっかけだ。

札幌の大学生たちに加え、高知県北海道事務所（山﨑栄三所長）や北海道高知県人会の関係者ら学生たちの後見役を果たす社会人たちを巻き込みながら、準備から半年あまりの平成4年（1992）6月に、10団体千人の参加でYOSAKOIソーラン祭りは始まった。

高知県北海道事務所からは、県予算が全くついていない事業に対し、柔軟な発想で学生の企画を魅力的にブラッシュアップし実現するために具体的なアドバイスや側面的で重層的な支援があった。

筆者自身、長谷川君が高知で見たよさこい祭りを平成3年（1991）夏に、所属する東京大学文化人類学教室の社会調査実習で学んだことが縁で、高知出身の東京在住学生という立ち位置で、YOSAKOIソーラン祭りの学生実行委員会メンバーの一人として、新しい祭りの創設という稀有な体験ができた。

ちょうど、東京の各地で開催されている阿波踊りと、高知での開催にとどまっているよさこい祭りを比較して観察していたところだった。

よさこい祭りを調べる社会調査実習を指導した文化人類学教室の伊藤亜人先生が、YOSAKOIソーラン祭りの意義を述べた推薦文を学生のために書き、自分をYOSAKOIソーラン祭りに引き合わせてくださった。

大学3年生の冬、筆者は平成4年（1992）2月に初めて訪問した北海道の札幌で、長谷川君ら学生実行委員会のメンバーと意気投合したことをきっかけに、なし崩し的に自然な形で学生実行委員会の一員になった。

次に札幌に行くと高知県北海道事務所を訪ね、夜は学生が集まる拠点になっていた長谷川君の部屋で「街は舞台だ　日本は変わる」というＹＯＳＡＫＯＩソーラン祭りのキャッチフレーズを自分が考案したのを覚えている。

代表の長谷川君が高知入りして関係者を回って回ＹＯＳＡＫＯＩソーラン祭りに参加を呼びかけるような場には高知出身で土地勘のある自分が何度も同行して、高知を駆け回った。高知県北海道事務所の山﨑所長に紹介してもらった高知放送の清水康文氏には高知県庁を一緒に回ってもらい、夕方のテレビニュースやラジオ番組に呼ばれて出演をした。

第1回ＹＯＳＡＫＯＩソーラン祭りに高知を代表するチームとして北海道まで足を運んでいただいたセントラルグループ（山本文吉社長）をはじめ、よさこい祭りを担う行政や民間のみなさんには随分とお世話になった。

高知県出身の学生らでつくる、よさこい祭り常連の「東京六大学連合チーム」も最初のＹＯＳＡＫＯＩソーラン祭りに参加したが、宿泊代を安くするために札幌の学生たちの住まいに高知の学生たちが泊まっての交流になった。

また、ＹＯＳＡＫＯＩソーラン祭りを応援しようと全国最年少で初の戦後生まれの知事になった高知県・橋本大二郎知事（平成3年（１９９１）に初当選）と、全国で2番目に若い北海道・横路孝弘知事が対談に加わる「夢キャンパス学生フォーラム」の企画を立てるような役割を筆者は担った。高知と北海道とのよさこいを通じた文化交流が盛んになることは、東京を経由しない地方から地方への文化発信として貴重なことで意義深い、と分析をした記憶がある。

そのうえで、現代風にアレンジが進んだよさこい祭りは、徳島の阿波踊りや京都の祇園祭りと比べると、東京（中央）の人たちが考える「古きよき日本の伝統を守る地方らしさ」に欠ける向きがあって、観光資源としてはあまり注目されてこなかったが、地方で暮らす人々の日常感覚を反映させている活きた祭りであるという点で、もっと取り上げられても良いのではないか、札幌という地方でも受け入れられるのではないか、との発言をした。

YOSAKOIソーラン祭りがスタートした経緯については、2冊の本（『踊れ！ YOSAKOIソーラン祭り』北川泰斗・高知新聞社）に詳しいが、日本中が好景気だったバブル景気にかげりが見えたとはいえ、まだまだ浮かれた気分の残っていた時期に、学生たちの情熱とそれに共感した社会人たちの協力によって、高知のよさこい祭りの影響をうけて札幌のYOSAKOIソーラン祭りの青春』軍司貞則・文藝春秋社、『街は舞台だ YOSAKOIソーラン祭りは誕生した。

人の縁とは不思議なもので、当時の北海道には高知県中土佐町出身者で北海道庁副知事を務めた佐竹土佐男氏が健在で、また、北海道新聞社の社会部長には後に同社で社長となる高知県四万十市出身の東功氏が在職していた。北海道庁には衆議院議員に転身した荒井聡氏が知事公室長で、高知県の橋本知事のNHK記者時代から付き合いがある偶然も大きかった。

大口スポンサーを獲得して紹介があってテレビ局の協力を得て企業協賛が集まる、大手航空会社がチーム移動の支援を決める、マスコミ関係者に話題を提供してさかんにスポーツ紙や一般紙の紙面を飾る、祭りで使う道路と公園の許可をめぐって学生たちが奮闘して知恵を絞る、深夜まで学生で議論したあとに授業やアルバイトそっちのけでYOSAKOIソーランにのめりこむ、といったなかで、YOSAKOIソーラン祭りは成功裏に終わった。

YOSAKOIソーラン祭りが人口150万人を越える札幌市の中心部で始まったとき、高知からゲスト参加をしていたセントラルグループのチームが、ほのおんちゃんとして知られる池上志朗氏の口上のあと、YOSAKOIソーラン祭りに合わせて練習をした激しいよさこい鳴子踊りを披露すると、周囲から人が駆け寄るように集まる。なかには街路樹に登って見物する人まで現れる熱気がみなぎっていたのをよく覚えている。

初めてのYOSAKOIソーラン祭りが終わった夜、スタッフや参加者一同が集まって北海道大学の校内で打ち上げのパーティーをした際、大手企業が提供した牛1頭を丸焼きして食べ、「こんな破天荒な打ち上げができる北海道は開放的だなあ」と思っていたら、翌日には大学当局から大目玉をくらって謝りに出かけたというエピソードがある。

当時の学生実行委員たちの勢いと無鉄砲さとそれに寛容な地域のあり方を示しているように思う。学生が騒ぎすぎて出入り禁止になった居酒屋も多数あった。

自分自身も、その後、新卒で入った新聞社を1年足らずで辞め、三重県や高知県で働くことになるのだが、常にYOSAKOIソーラン祭りを立ち上げたときの思いを自分の軸にしながら暮らしているような気がする。

第1回YOSAKOIソーラン祭りの踊り

ＹＯＳＡＫＯＩソーラン祭りの広がり

大学生が提唱して始まったＹＯＳＡＫＯＩソーラン祭りは、当初10チーム千人の規模だったものが、２回目は26チーム２６００人、４回目は48チーム４８００人、５回目は１０８チーム１万人、６回目は１８３チーム１万９千人、７回目は２８０チーム２万９千人と増え、10回目の平成13年（２００１）には４０８チーム４万１千人の参加団体・踊り子数に急拡大をし、発祥の地である高知のよさこい祭りの倍以上の大きさになった。

ＹＯＳＡＫＯＩソーラン祭りのチームは、最初はセントラルに影響を受けて衣装や顔の化粧を真似ていたが、徐々に北海道らしさをそれぞれに出すチームが増えていった。

平成10年（１９９８）開催の第７回からは、札幌の中心地を代表する大通公園西５丁目から西10丁目のパレードが可能になって、観客用の桟敷席も置かれた。

鳴子を手に持って踊ることと、演舞に使う曲にソーラン節のフレーズを入れることをルールとしたＹＯＳＡＫＯＩソーラン祭りは、第10回の開催時には北海道内２１２市町村のなかで１９０市町村からチームとして参加する広がりを見せた。

そして、地域の市町村から札幌のＹＯＳＡＫＯＩソーラン祭り出場に向けて地元を出発するときには、役場前で協賛に協力いただいた方々を招いて出発式を行い、市町村長のあいさつのあと演舞を披露してから、踊り子を乗せたバスが動き出すという光景があちこちで見られた。

例えば、根室市でチーム「根室四島踊り隊」が札幌のYOSAKOIソーラン祭りに出演する際は、チームの壮行会として体育館で大勢の人が集まったセレモニーが開かれ、そのためのパンフレットが作成されるといったにぎわいが、各地で生まれていた。

そして、出場したチームが踊っている様子がYOSAKOIソーラン祭りのテレビ中継で放送され、地域の人々がそれを高校野球の地元チームに声援を送るように応援しながら楽しんでいた。

テレビ中継は当初から熱心にYOSAKOIソーラン祭りを応援していた札幌テレビ放送（STV）のほか、NHKや他の民放で軒並み取り上げて特番を組み、それが人気になっていた。

この時期のYOSAKOIソーラン祭りでは、北海道の全局が特別番組を制作し、第10回の平成13年（2001）の祭りで札幌テレビ放送が放送した番組「熱狂！　YOSAKOI絶叫！　ソーラン2001」では、日曜22時45分から23時45分という放送時間のなかで22・1％の高い視聴率を記録している。

各テレビ局では有名タレントをゲストに呼んで番組を組み、平成17年（2005）にはYOSAKOIソーラン祭りに積極的だった札幌テレビ放送で、2日間で合計15時間半の生中継を行った。同じ年のYOSAKOIソーラン祭りの最終日ファイナルコンテストの平均視聴率は26・3％を記録し、大賞チームが発表された午後9時28分には39・2％の瞬間最高視聴率を記録した。コンテスト結果に高い関心を、北海道に暮らす視聴者が示していることが判明している。

ＹＯＳＡＫＯＩソーラン祭りの普及に向けては、普及活動の担い手になった学生の創設メンバーらが北海道各地で興味があるという団体個人から問い合わせがあると、すぐに説明会を現地で開くよう働きかけ、それぞれの地域でのチーム立ち上げを支援した。

祭りの急拡大の要因には、自然な流れと意図的な働きかけの両方あるのだが、知名度が低いＹＯＳＡＫＯＩソーラン祭りに参加を促していくため、ＹＯＳＡＫＯＩソーラン祭りを普及させていった時期を振り返る長谷川岳氏によると、

○鳴子の入手をしたいという情報を一元的に把握することで地区ごとにＹＯＳＡＫＯＩソーランにどう取り組んでいるかを知る
○街づくりに取り組む人たちと会いに行って積極的にアプローチする
○地方で就職している学生実行委員会ＯＢ・ＯＧに地域の人々を紹介してもらう
○北海道の各市町村から1チームは出してほしいと自治体の担当者とつながる
○札幌市内の小さな団体・サークル、特にジャズダンスなどの踊りグループ、町内会、子ども会、老人会、商店街をたくさん訪ねる

といった情報収集を各地でやっていた。

そのうえで、祭りに興味を抱く市町村役場があれば電話をかけてYOSAKOIソーラン祭りの説明会をさせてほしいと依頼し、説明会に備えて数日前には市町村で案内チラシなどを貼ってもらう。

説明会当日はビデオを見てもらい、

→YOSAKOIソーランの体験談を聞き

→大学生を中心に踊りを披露し

→参加者に踊りを体感してもらう。

といった一連のことを行い、これをふるさとキャラバン方式と呼んでいた。

こうしたやり方で、広い北海道で平成6年（1994）から平成8年（1996）の3年間で200回以上の訪問をやったということだ。

その成果として、地域でYOSAKOIソーランのチームを作ろうとの機運が起きると、それまでの地域おこしに関係していたメンバーに加えて、新しく若い人材、女性たちが参加をして、新しいチームのコンセプト、楽曲、踊り、衣装、地方車を工夫していく姿が各地で見られた。

とにかく、熱気・活気だけはあったので、しばらくの間は、YOSAKOIソーラン最終日の総踊りであまりに盛り上がって、大通公園西8丁目の舞台そのものが大きく揺れ出して、今にも崩れて大事故になるのではと心配するほどだった。

そして、YOSAKOIソーラン祭りの成り立ちや特徴を解説し、新しいチームづくりを指南する本（『ＹＯＳＡＫＯＩソーラン祭り読本』飯田舞ら、すずさわ書店）が出版され、日常的に使われ始めたインターネットのネットワークのなかで、地域のチームとは週に一度は連絡を取り合う関係性をＹＯＳＡＫＯＩソーラン祭り普及振興会と築いたうえで、高知で発祥のよさこいチームのノウハウが北海道でアレンジされて伝わった。

北海道各地でＹＯＳＡＫＯＩソーラン支部大会などを開く

ＹＯＳＡＫＯＩソーラン祭りは本番こそ6月に札幌の開催だが、7月以降になると毎週末のようにＹＯＳＡＫＯＩソーラン祭りの支部大会などとして北海道内各地でよさこいイベントが開かれ、札幌から来る有名チームや地元の親戚友人の踊る姿を見るために数千人の観客がそれぞれに集まるブームを起こしていた。

平成9年（１９９７）夏に開かれた北海道阿寒町（当時の人口６７００人）でのＹＯＳＡＫＯＩほろろん祭りでは、15チーム６００人のよさこい演舞を見るために、町役場駐車場の会場に4千人の観客が集まったという。

そういったとき、基本はソーラン節の踊りが続くのだが、いくつかのチームはよさこい節も取り入れた楽曲を使用していて、猛暑とはほど遠い北海道の夏のイベントで「高知の城下にきてみいや」というよさこい節のフレーズを耳にすることがたくさんあった。

手元に平成17年（２００５）12月から1年間の支部大会などの開催記録がある。

ＹＯＳＡＫＯＩソーラン祭り開催後の支部大会として、

後志支部大会（積丹町、８チーム、６／25）

十勝支部大会（音更町、広尾町、帯広市、本別町、17チーム、７／２・８／５・８／12・９／３）

道央支部大会（石狩市、40チーム、７／16）

空知大会（夕張市、44チーム、７／29・30）

胆振・千歳支部大会（室蘭市、15チーム、７／30）

上川中央支部大会（旭川市ほか、27チーム、８／６）

釧根支部大会（中標津町、９チーム、８／12）

北北海道支部大会（豊富町、22チーム、８／19）

道南大会（函館市、46チーム、８／26・27）

オホーツク支部大会（訓子府町、16チーム、８／26・27）

日高地区支部大会（新ひだか町、13チーム、９／30・10／１）

の11支部大会が合計で２５７チームの参加を得て開いていた。

そのほか、同じ年の記録に残っている北海道内のよさこい系イベントとしては、

遠紋ブロックフェスティバル（紋別市、５チーム、５／14）

愛蘭土フェスティバル（愛別町、10チーム、7／23）
スカイ・ピア&YOSAKOI祭り（千歳市、32チーム、7／14・15）
彩花まつり（岩見沢市、9チーム、7／16）
洞爺夏まつり（洞爺村、3チーム、7／15・16）
えべつ北海鳴子まつり（江別市、40チーム、7／29・30）
函館港まつり（函館市、20チーム、8／1から8／5）
旭川夏まつり（旭川市、30チーム、8／4から8／6）
とまこまい港まつり（苫小牧市、3チーム、8／4から8／6）
すすきの祭り（札幌市、28チーム、8／4から8／6）
南極まつり（稚内市、4チーム、8／6）
恵庭夏まつり（恵庭市、32チーム、8／6）
商工夏まつり（東神楽町、27チーム、8／6）
大乱舞in白老（白老町、50チーム、9／17）
よいち大好きフェスティバル（余市町、3チーム、9／24）

とあって、こちらも15イベントで296チームの参加があった。

夏の期間は毎週ごとにさまざまなよさこい系のイベントや支部大会があるので、地方車を用意することがなかなか難しく、ストリートの会場でもいくつかの箇所にスピーカーを置いて踊っていた。

一つ一つのイベントを紹介するのは難しいが、千歳市ではYOSAKOIソーランちとせトーナメントとして1回戦から決勝まで勝ち上がり方式の完全トーナメント形式でよさこいを楽しむイベントが開かれ、高知県土佐市と友好都市提携を40年以上結んでいる江別市ではぶっ倒れるまで踊ることのできる会場で有名になった「えべつ北海鳴子まつり」が毎年開催されている。

ともに、札幌から電車で1時間圏内にある都市でのよさこい系イベントは、YOSAKOIソーラン祭りそのものとは違うウラ祭り的な魅力を提供している。

日本全体の経済はバブル景気が終わったことが明らかになって、YOSAKOIソーラン祭りが成長カーブを描いている平成9年（1997）には北海道拓殖銀行の破綻が起きた。北海道各地のリゾート施設閉鎖が続くなか、YOSAKOIソーラン祭りは北海道の人々の支持を受けて、観光の大規模イベントがなかった初夏の札幌における風物詩として定着をした。

三重県で始まった安濃津よさこい

こうして、高知のよさこい祭りを模倣してＹＯＳＡＫＯＩソーラン祭りが誕生して、地域活性化として成功したとされる姿が、サントリー地域文化賞受賞（１９９８）やテレビのニュース特集などを通じて知られるなか、１９９０年代後半には全国各地でよさこい系イベントが生まれた。

平成６年（１９９４）には埼玉県朝霞市の第11回朝霞市民まつり（自衛隊の車両が地方車になることで有名）でよさこいが始まっている。

その後、平成10年（１９９８）10月に三重県津市で始まったのが、安濃津《あのつ》よさこいだ。津市では津まつりという江戸時代前期の寛永12年（１６３５）から継続する、藤堂藩主の呼びかけで始まった津八幡宮ゆかりのイベント祭りが10月にある。どちらかといえば藤堂藩の旧城下町の人たちが町内で伝承していた「唐人踊り」「しゃご馬」「八幡獅子舞」といった伝統芸能が目立つていどで、市民の多くが見物には来るものの参加できる祭りではなかった。

そこに、40歳以下の地元経済界の若手でつくる田屋敏彦氏ら津青年会議所のメンバー（筆者も当時は津青年会議所会員）が紹介したのが、知名度を高めつつあったよさこい形式のイベントだった。

北海道や高知から有名チームをゲストに招き、その年のＹＯＳＡＫＯＩソーラン祭りで津市ゆかりの北海道上富良野町商工会のみなさんと踊った経験がある津商工会議所婦人会（金子勝子会長）のチームも混じり、鳴子を手に思い思いの踊りを披露する魅力を伝え、津市で国道23号線を練り歩くパレードにも参加したところ、翌年から参加団体や参加者数が徐々に増加し、約４００年間続く津まつりに欠かせない安濃津よさこいに成長をしている。

こちらもＹＯＳＡＫＯＩソーラン祭りの１回目に街路樹に登ってパレードを眺める札幌市民がいたように、札幌からゲスト参加で三重県まで来ていた「ＪＡＬ極楽とんぼ」チームの空中を舞うパフォーマンスに対して、片側４車線の国道23号線をまたぐ歩道橋には、文字通り鈴なりの人が見物しようと群がっていた。

短期間に規模を大きくしたＹＯＳＡＫＯＩソーラン祭りと同様に、安濃津よさこいの１回目の開催では４チーム２８０人だったものが、２回目に21チーム８００人、３回目に29チーム１５００人、４回目に39チーム２０８０人、５回目に52チーム２７３０人と拡大を続け、12回目の平成21年（２００９）には82チーム４千人が踊るという成長を遂げた。

津市役所そばのお城西公園に野外特設ステージを設けた安濃津よさこいの最終日ファイナルは、地上波の三重テレビで18時45分から21時30分まで生中継する人気を保っている。

従来の津まつりでは見物に回るばかりで参加していなかった郊外に暮らす市民、そして、三重県から近畿・東海地方に及ぶよさこいチームが安濃津よさこいには集まった。

ちょうど、津市は平成18年（２００６）に10市町村が合併して、新しい津市として誕生するのだが、旧津市だけでなく合併した地区も包摂する、三重県の県庁所在地のイベントとして津まつりがバージョンアップした。平成16年（2004）の安濃津よさこいでは、四日市市、鈴鹿市、安濃町、芸濃町、飯南町、伊勢市、鳥羽市、紀北町、熊野市といった市町村から参加があって、南北に長い三重県全域からよさこいチームが集まった。

　安濃津よさこいは当初から400年近い歴史を持つ、津まつりのなかの一つの催しとして始まった。それ以降もさまざまな議論はあったものの、安濃津よさこい組織委員会（小柴眞治会長）として担う立場になったメンバーが、それまでの津まつりに参加していた伝統芸能のメンバーと重なっていたこともあって、津まつりを一緒に支えるものとして安濃津よさこいの認知が進み、近年の津八幡宮で開かれる祭り当日朝の奉納では、伝統芸

市役所そばの大ステージ（三重・安濃津よさこい）

江戸時代からの郷土芸能と共存（三重・安濃津よさこい）

能団体にまじって安濃津よさこいが並ぶ光景を目にすることができる。

また、安濃津よさこい組織委員会からの提案で、津市役所の職員が休日出勤をして津まつりを裏方として支えていたあり方から、市民自らが津まつりの担い手として役割を一層果たすようになったこと、津まつりが安濃津よさこい導入で盛大さが増したことも、津市民の共感を呼んだ。

各地に広がるよさこい系イベント

そして、安濃津よさこいが誕生した翌年の平成11年（1999）に東海地方で登場したよさこい系のイベントが、名古屋で開催の「にっぽんど真ん中祭り（略称「どまつり」）」だ。

こちらは、平成8年（1996）からYOSAKOIソーラン祭りに参加していた名古屋を中心とする大学生でつくるよさこいチーム「鯱《しゃち》」のメンバーであった水野孝一氏（当時、中京大学生、現在は公益財団法人にっぽんど真ん中祭り文化財団専務理事）が中心になって広く呼びかけて作ったよさこい系のイベントで、8月下旬に名古屋の久屋大通、大津通、栄、名古屋駅前といった中心部などで開かれている。

祭りを支える仕組みを札幌のYOSAKOIソーラン祭りに学びながら、観客動員ゼロ＝全員参加型の祭りを目指しての参加を各地でお願いする「どまつりキャラバン隊」を学生たちで組織して、ぐんぐん伸びていった。

札幌や津市のよさこいイベントと同じように、1回目26チーム1500人の参加規模が、2回目54チーム3千人、3回目78チーム6千人、4回目106チーム1万人、5回目168チーム1万5千人と伸び、平成19年（2007）からは200チームで2万人を超える祭りに規模を大きくし、中部圏を代表する祭りの一つと認識されている。

平成30年（2018）開催のにっぽんど真ん中祭りでは、北から北海道、宮城、茨城、埼玉、千葉、東京、神奈川、山梨、長野、愛知、岐阜、三重、石川、滋賀、京都、大阪、兵庫、和歌山、岡山、高知、福岡、長崎、熊本、鹿児島といった24都道府県に加え、韓国、台湾、サイパンからのチームも迎えている。

公益財団法人にっぽんど真ん中祭り文化財団の理事長として、地元百貨店・松坂屋の社長や名古屋商工会議所の会頭を務めた岡田邦彦氏に三顧の礼を尽くしてお願いするなど、経済界や行政を巻き込んだところへの評価も高い。

にっぽんど真ん中祭りや安濃津よさこいでは、鳴子を持つことと曲のなかに地元民謡のフレーズを入れることをルールに始まった。

この二つのよさこい系イベントでは、互いに隣の県どうしで移動にも1時間余りでいける距離のため、互いの開催時期に合わせて裏方であるスタッフを学生や社会人をともに派遣して、北海道のYOSAKOIソーラン祭りの学生実行委員会に参加する大学生も含めて相互に助け合っているのも特徴だ。

津市のよさこいも名古屋のよさこいも、新しくできたよさこい系イベントとしてのやり方では、札幌のＹＯＳＡＫＯＩソーラン祭りから学んでいった。チーム紹介や踊り順を会場別にまとめたガイドブックの発行、チーム説明会のあり方、審査のポイント、組織委員会のかたちといったことがそうだ。

安濃津よさこいが始まった平成10年（１９９８）には、みちのくＹＯＳＡＫＯＩまつり（宮城県仙台市）、ＹＯＳＡＫＯＩさせぼ祭り（長崎県佐世保市）といった参加チーム数で大きなよさこい系イベントも最初の開催を迎えている。

みちのくＹＯＳＡＫＯＩまつりは、高知大学で学んでいた宮城県出身の三宅浩司君がＹＯＳＡＫＯＩソーラン祭りの広がりや高知のよさこい祭りの魅力に感動して、仙台でもと始めたものが、東北を代表するよさこい系イベントに成長した。一般社団法人みちのくＹＯＳＡＫＯＩ協議会（代表理事　嶋津紀夫氏）で運営をしている。

ＹＯＳＡＫＯＩさせぼ祭りは、長崎県佐世保市の竹本慶三氏ら商店街関係者が６チーム３会場でのダンスバトルで始めたものが周辺を巻き込み、平成27年（２０１５）には１８０チームから7千人が参加する九州最大規模のよさこい系イベントになった。

佐世保のなかで商店街などに全13会場を用意し、巨大艦船を前に踊る海上自衛隊岸壁やハウステンボス内も会場になっている。ジャパネットたかた創業者の高田明氏が審査委員長で、北海道や高知のよさこい関係者も審査に加わる。

ＹＯＳＡＫＯＩ九州中国連絡協議会が各地持ち回り開催をする、ＹＯＳＡＫＯＩ九州中国大会も佐世保を舞台に2回開き、直近の平成29年（2017）には、長崎73、福岡36、佐賀18、山口16、熊本14、鹿児島11、大分6、宮崎4、島根2、広島1のチームが佐世保に集まった。

最低限のルールを守れば、自由なアレンジをよしとするよさこい方式の持つ魅力で、よさこいが日本を代表する祭りとして、北から南まで祭りの全国制覇を果たした感じがあった。よそ者や変化を拒否する、それまでの祭りの多くが、若者や女性に振り向かれなくなったのとは対照的に、北海道のYOSAKOIソーラン祭りの成功に刺激を受けたよさこい系イベントは全国各地にあっという間に広がった。

なぜ、よさこいは広がったのか

よさこい系イベントが広がった意義

1990年代後半はバブル景気が終わったあと、自治体のなかでは大型文化施設での箱物の整備が高額で維持費用も大変だと批判的な風潮が高まっていた。

よさこい形式のイベントをやりたいという声があがると、「なぜ、よさこいなのか」「高知とうちは関係ないよ」といった意見は出ても、「ハコモノでないから、まあ、やってみたらいいよ」と企画に乗りやすいムードがあった。文化ホールのなかでなく、道路を使ってできることも市街地活性化に向けた魅力だった。

北海道最大規模の北海道拓殖銀行が経営破綻を引き起こして不景気色が濃くなるなか、それでも伸びていくYOSAKOIソーラン祭りに対する声援は大きかった。

従来の農村と比べて人間関係の薄い都市で参加型のお祭りがなかった地域では、よさこいのように多様なつながりで人間関係を補うことが、地域にとって必要なものとして期待された。

1990年代は大規模店舗の出店規制が緩和されて商店街が厳しくなる時期だった。よさこい形式のイベントをすることで賑わいを作り出すことは大いに歓迎された。道路や公園を使った新しいイベントとして、よさこい系のイベントが各地で広がっていった。

観光産業が大きな位置を占める温泉旅館が並ぶような観光地では、札幌のＹＯＳＡＫＯＩソーラン祭りが観光の起爆剤としての役割を果たしていることに注目して、観光ホテルの従業員らを巻き込みながら、よさこいをやろうとする姿も見ることができた。

ＹＯＳＡＫＯＩソーラン祭りの創始者である長谷川岳氏も、１９９０年代後半の時期にはＹＯＳＡＫＯＩソーラン祭り組織委員会専務理事として商店街の組合、商工会、青年会議所、おかみさん会、旅館ホテルの組合、自治体らに招かれて、全国各地を講演やよさこい系イベント立ち上げ指導で回っている。

実際、三重県で安濃津よさこいが始まるときには、長谷川岳氏の協力で札幌からゲストチームを派遣する、地方車や舞台づくりに詳しいスタッフを紹介する、といった支援を受けた。津市や鈴鹿にも講演で来てもらった。

よさこい発祥の地である高知県庁でも、よさこいイベントをやろうとする地域に対しては、知事賞（副賞には巨大鳴子、あるいはフラフ（大旗））を出す、鳴子を貸し出す、よさこいの指導者や高知のよさこいチームを派遣するという仕組みを作って、札幌、東京、名古屋、大阪にある高知県事務所で対応をしていた。

よさこい鳴子踊りの育成や定着をはかる高知県庁の「よさこい鳴子踊り出前事業」では、平成８年度（１９９６）から2年間で61件の問い合わせがあって、計18件の補助が行われている。

都会から離れた高知から全国に一定の運動スタイルで広がる、よさこい系イベントの増殖は、高知にとっては明治時代に土佐の山間から広がったとされる自由民権運動以来のものとなっていた。

幕末維新のなかでの坂本龍馬らの海援隊の活動や明治期の自由民権運動、そして、よさこい系イベント。いずれも、個々人の個性が尊重される「自由」「平等」「自立」「創造」といった近代的な価値観がキーワードになるものだ。

形式ばった序列や上下関係の押し付けを嫌う土佐人気質が反映されていると感じる。


よさこい祭りを学者として最初に高く評価をした伊藤亜人氏は、平成10年（1998）にインタビューに応じて、

「よさこいは新しい市民意識を先取りしている。日本全国探してもこんな祭りはない。実にユニークです」

「高知の遊び心が自然発生的にこの祭りを生んだ。誇りにしていいし、大事にするべきです」

「形式や伝統、宗教などにとらわれることなくスタートし、市民主導で自由に柔軟に発展してきた」

「参加の形態も極めて多様で、主体的かつ民主的」

「地域に根差しつつカーニバル的要素を取り入れ、時代を先取りする先取性にも富んでいる」

「新しい市民意識がこんな祭りを求めている」

「自由で民主的なよさこいの広まりも、規制緩和とか地方への権限移譲とか、そうした民主化の流れのなかにある」

といった見解を述べている。


高知のよさこい祭りを親、札幌のYOSAKOIソーラン祭りを子どもとすると、そこから孫、ひ孫といった伝わり方を、よさこい形式のイベント、踊りはしていった。

そんな交流の広がりの事例の一つで、
①高知のよさこい祭りに影響を受けた、②札幌のYOSAKOIソーラン祭りの成長に伴い、③北海道女満別町に民謡歌手・伊藤多喜雄氏の指導で女満別龍舞隊というチームができる。
その後、女満別町と姉妹都市交流を深めていた、④東京都稲城市でよさこい鳴子踊りを女満別龍舞隊から教わって龍舞隊・稲城というよさこいチームが、稲城市第4文化センターという公民館の活動などを背景に誕生した。

女満別町が合併して大空町になったあとも札幌や東京でよさこいを踊る。

そして、稲城市でよさこいに親しんだ女性が、高知のよさこい祭りを見学に来る。

といった人の動きがあちこちで生まれていた。

高知をよさこいの親とすると、札幌のＹＯＳＡＫＯＩソーランは子どもとして生まれ、そして、女満別に孫ができ、さらに東京・稲城でひ孫が誕生するような感じだ。

なぜ、よさこいは広がったのか

そのうえで、なぜ、よさこいは広がったのか考えてみたい。

一つは、戦後生まれのイベント祭りであった高知のよさこい祭りで、よさこい鳴子踊りを作り上げた作曲家・武政英策氏の考えを反映させて、参加型の進化する祭りとして楽曲や振り付け、衣装といった祭りの基本的なスタイルを変更していくことを、高知の人々が受け入れたことだ。

その背景には、戦後の高知を支えた社会のあり方がフラットで上からの押し付けを嫌い、横に広がる人間関係を大事にしていたことがあるだろう。

平成4年（１９９２）に北海道でＹＯＳＡＫＯＩソーラン祭り（最初はよさこいソーラン祭りと名乗っていた）が始まったことについては、カリスマ的な創始者である長谷川岳氏とその周辺の奇跡的ともいえる人の出会いの組み合わせがあったのと、バブル景気がはじけようとしながらも好景気を維持しているように見えるなかの成功だった。

例えば、高知県北海道事務所トップが山﨑所長でなかったら、セントラルグループがよさこいの代表的なチームでなければ、そして、第1回YOSAKOIソーラン祭り当日に大雨が降ってしまえば、また、長谷川氏が北海道大学に進学していなかったら、この祭りはできなかったかもしれない。

また、当時の北海道高知県人会のメンバーが、

「高知ゆかりのイベントを学生たちが一生懸命やっているので、どうせ1回限りだし協力してあげよう」

と語っていたように、北海道の鳴子踊りが継続するものだとは思われていなかった。

ただ、最初のYOSAKOIソーラン祭りのインパクトが強烈であったのに加え、学生たちが引き続き熱意を持った活動を行った結果、市民参加型のイベント祭りがなかった札幌市民・北海道民にYOSAKOIソーラン祭りは受け入れられ、2月の札幌雪まつりに匹敵する6月のイベントを求めていた経済界の後押しがあって、大学生たちが小さく始めたお祭りは高知のよさこい祭りの規模を上回る日本有数のイベント祭りに成長した。

一人一人の踊り子にとっては、自分が主役になれる踊り、仲間とつくりあげる踊りに魅力を感じるという。

北海道経済が北海道拓殖銀行の破たんなどで極端に冷え込むなか、YOSAKOIソーラン祭りが北海道では活発に動いていた印象を、当時の北海道の人たちは持っていたように思う。東京からほんの一時期、高知出身の学生としてYOSAKOIソーラン祭り立ち上げに

協力しただけの自分が、何度か北海道に講演をしてくれと呼ばれることがあって、そう感じた。

そして、ＹＯＳＡＫＯＩソーラン祭りの成功が、市民参加型祭りのない地域、財政的に厳しいなかで何か活性化イベントをやりたい人たち、バブル景気崩壊後のなかで元気になりたい人々に求められる形で、仙台市、名古屋市、三重県津市、岐阜県瑞浪市、長崎県佐世保市らで平成10年（１９９８）から平成11年（１９９９）にかけて、よさこい系の祭り、イベントが広がった。

その後は、日本にまれな、世界でもなかなか聞かない「交流するイベント祭り」として、各地の鳴子踊りがあるイベントを発信源にし、全国でいくつのチームがあるかだれも把握できない状態のなか、よさこいウイルスが感染拡大してパンデミックを引き起こし、インターネットが普及して高速交通網が整備されるのと同時並行的に、全国２００カ所以上でよさこい系イベントが次々に誕生した。

それぞれのよさこい系イベントにその地域以外のチームが応援にかけつけ、みるみる規模を大きくしていったのも、よさこい系イベントの特徴だ。

平成14年（２００２）に高知のＮＰＯが大学生ら30人がかりで調べたところ、全国のよさこい系イベントの数字が２２２カ所と紹介された。平成10年（１９９８）に高知新聞が連載「灼　よさこい進化論」のなかで調べた57カ所と比較して4倍ほどに増えていた。

なぜ、よさこいは全国に広がったのか、をまとめてみると、

1　高知発祥のよさこい祭りが都市の参加型祭りとして進化をしていた。
2　札幌で平成４年（１９９２）にＹＯＳＡＫＯＩソーラン祭りが始まった。
3　ＹＯＳＡＫＯＩソーラン祭りの成功を受けて、１９９０年代後半以降に全国展開した。
4　ネットの普及と高速交通網の整備で、交流するイベント祭りの基盤ができた。

と列挙することができる。

紅白歌合戦で近年は毎年のように鳴子踊りが見られ、旅行先で思いがけずよさこいイベントを見つけ、海外の人たちが日本の文化としてよさこいに注目することが、昭和の時代にはなかった光景として日本全体では21世紀の日常になった。

何が、よさこい系イベントなのか

よさこい系イベントがこうした広がりをみせるなか、それぞれのよさこい系イベントの主催者やよさこいチームの幹部らは高知が発祥だと思っていても、鳴子を持って踊っている一人一人や、よさこいイベントを見る側にいる人たちにとって、高知を意識することはほとんどなく、

「よさこいを県外では高知ゆかりのものだと思われていないみたい」

「北海道で鳴子踊りをしている高校生に聞いたら、高知が始まりだとは知らなかった」

という語り方が高知でも１９９０年代後半には頻繁に出るようになっていた。

よさこい系イベントがあちこちで誕生する様子をみて、高知では「よさこいウイルス」という言葉が生まれた。

全国で２００カ所を超える地域、沖縄と徳島（エイサーや阿波踊りのように参加しやすい祭りがあるせいだろうか）を除く45都道府県で、よさこい系イベントが開かれているという実態調査の結果が、２０００年を超えるころには出てくるし、平成30年（２０１８）によさこい情報交流館で調べたところ、全国の２３３カ所でよさこい系イベントがあると分かっている。

よさこい系イベントといっても、ＹＯＳＡＫＯＩソーラン祭りのように単独の祭りだけでなく、祭りやイベントの一つとして、さまざまな催しのなかでよさこいを踊っているものを含めてのものだ。

なかには、いろいろとイベント祭りの出し物がある一つで、鳴子を持ったチームが踊っているというものもわずかだがカウントされている。

例えば、高校野球のように都道府県ごとに野球連盟があって、そこに加盟している学校の数がいくつで、それを47都道府県で合わせると合計の参加校数が分かるような数え方は、よさこい系イベントではできない。

九州地方のように、ＹＯＳＡＫＯＩ九州中国連絡協議会でおおむねよさこい系イベントを把握している地域もあるのだが、それでも、例えば高齢者施設の夏祭りに複数のよさこい系団体が踊りに行くようなものは、全国200カ所を超すよさこい系イベントのなかには入っていない。

阿波踊りが盛んな徳島で、学生のよさこいサークルはあるが高齢者施設を訪問して踊る、学園祭のイベントで踊ると聞くが、よさこい系イベントには含めていない。沖縄でも、よさこい系団体が踊りに行ったと聞くことはあるのだが、それも毎年、よさこいチームが出場するよさこい系イベントではなさそうだ。

最近は、鳴子を持っていない、よさこい節のような民謡を使っていないままに、「よさこい／YOSAKOI」を名乗るところもあるので、なかなか正確に把握するのは難しいし、定義や把握の正確さを追求することにどれだけ意味があるのかとも思う。

筆者は鳴子を持たない祭りやチームをよさこいと呼ぶことに抵抗感はあるが、かといって、そうして鳴子を持たないチームが多数を占めるイベントの会場に行くと、踊り会場には大きな鳴子のオブジェが飾られていて、そこで挨拶する自治体トップが「みなさん、今年もよさこいをがんばって盛り上げていきましょう」と語る姿を見ると、踊る側に鳴子を持たないチームが多いからと言って、「これはよさこいではない」と即座に否定するのも厳しい。

何より、そこで踊っている多くの人が自分たちのやっているものはよさこいだと認識しているのは大事なことだ。

2000年代はじめに研究者のなかには、推定で全国800カ所、踊り子でいえば200万人が踊っていると推測した記述もあるが、それを肯定も否定もできないのが実態だろう。

実際、運動会でのよさこいやそれぞれのよさこいを踊る団体が出演している回数をカウントしていけば、それぐらいにはなるのかもしれない。

「よさこい」と「結婚式」でネット検索すると、よさこいを縁に結ばれたカップルの結婚式で、よさこい鳴子踊りをやりましたと伝えるページを数多く見ることができる。

平成16年（2004）のよさこい祭りでは、よさこいが縁で結婚するカップルが「よさこいで披露宴をしてしまおう」と踊る大披露宴チーム「万作」が登場し、両家の親族や友人140人が出場した。

よさこい系イベントとは何かという定義を確定させることができず、実数を正確に把握するのが難しいほど多様な形で、いろんな地域で、いろんなよさこいは踊られているのを実感する。

Chapter 2

国内最大の交流する祭り、よさこい

Yosakoi Story

高知よさこい祭りの変化

やってきたYOSAKOIソーランの波

2000年代から1990年代に話を戻す。

平成4年（1992）に札幌のYOSAKOIソーラン祭りが誕生してからの隆盛と全国によさこい系イベントが高知と離れて増殖する姿に刺激を受けて、現代風に進化していた高知のよさこい祭りにも、さらなる変化が1990年代には起きた。

高知のよさこい祭りの草創期を支えてきた世代の、高知商工会議所で盛り上げてきたようなメンバーはすでに亡くなっていて、世相を反映してアレンジをしてきたよさこい祭りは再び過渡期を迎えていた。

地域や企業といった集まりでチームを作るのではなく、よさこい好きが集まって会費を出し合い、同好会的によさこいを踊るクラブチームのさきがけである「無国籍」チームが誕生して受賞したのは昭和63年（1988）のことだった。

YOSAKOIソーラン祭りが始まる前年の平成3年（1991）には、高知商工会議所創立100周年を記念し、高知市で中央公園を会場に高知商工会議所青年部のメンバーらが企画した8月9日によさこい鳴子踊りを披露する前日祭（後に前夜祭）がスタートしていた。

平成4年（1992）には、北海道でYOSAKOIソーラン祭りが6月に生まれたことを受け、急遽結成された北海道の大学生らによるチームが高知のよさこい祭りで踊る際には、高知発祥のよさこい祭りが遠く北海道に伝播したことを驚くとともに喜ぶ高知県民から盛大な歓迎を受けている。

土佐山田町役場（現在の香美市役所）の濱田賢二氏の尽力があって、中央公民館での北海道からのチーム宿泊を受け入れてくださったのをきっかけに、土佐山田町とソーラン節のふるさと積丹町の交流がスタートして、市町村合併後も続く

香美市と積丹町の南北合同チーム（札幌・YOSAKOIソーラン祭り）

ＹＯＳＡＫＯＩソーラン祭りで唯一の北海道と高知の合同チーム「ヤーレンソーラン積丹町＆香美市」ができた。

北海道からの学生が初めて参加したよさこい祭りの当日に、北海道チームの地方車が来ると、次々と高知の市民のみなさんから「ようきたねえ。がんばってね」と声が届き、差し入れとして飲み物が大量に持ち込まれた。その年のよさこい祭りでは、チーム受付の締め切り後に参加した、北海道代表よさこいソーランチームに対して、特別賞が出たほどの歓迎ぶりだった。

同じ平成４年（１９９２）のよさこい祭りでは、観客用のガイドブックとして『よさこい読本』が誕生し、各チーム、競演場や駐車場の紹介をした。よさこいガイドマップもできて、県外客に向けて観光資源としてのよさこい祭りの価値が相当に高いことに気がつき、よさこい祭りをとらえなおそうとの動きが始まっていた。

よさこい祭りのあり方をめぐって、各種のシンポジウムやフォーラム、講演会が１９９０年代から２０００年代前半にかけて高知では何回となく開催された。

平成５年（１９９３）には高知県観光連盟から札幌でＹＯＳＡＫＯＩソーラン祭りを立ち上げた長谷川岳氏に対して感謝状も贈られた。

北海道からのよさこいチームが高知に来ると高知県知事と高知市長を表敬訪問し、県庁チームとともに高知県庁で出発式を行うのが1990年代からしばらくは恒例になっていた。各地からの表敬訪問は新聞で「よさこい外交」と見出しが立つほどに活発で、公表される高知県知事日程を見るとずっと継続をしている。

また、平成7年（1995）にYOSAKOIソーラン祭りを北海道で高知の大学生らに4泊5日で見てもらおうと「交流派遣団員」が10名ほど選ばれ、そこで刺激を受けた高知大学や高知女子大学の学生らが、翌年、平成8年（1996）には新しい学生よさこいチームを立ち上げた。YOSAKOIソーラン祭りにも「高知学生チーム」として参加をした。平成9年（1997）からは高知学生チームは旅鯨人と名前を変更して、よさこい祭りで毎年踊っている。

それまでは、よさこい祭りの学生チームといえば高知県外の大学に通う高知県出身学生らのチームや、大学OBをまじえたチーム、あるいは高知大学でいえば高知女子大学との合同チーム、キャンパスの離れている農学部や学生寮のチームが出場していた。

平成2年（1990）のよさこい祭りの大学名を冠したチームで、高知県外からの参加では、近畿大県人会、日本大県人会、東京六大学連合、関西地区大学連合、中京大県人会、京都産業大学県人会、松山東雲短期大学県人会、駒澤大学県人会、専修大学県人会といった名前があがる。

どちらかといえば安い経費で代々引き継いだ法被を着用し、学生らしく元気な踊りを、ときにはバンカラ風にするというのが学生チームのイメージだったのに対して、旅鯨人は高知のよさこい祭りにおけるクラブチームのような装いで、練習をきっちりして仕上げてくる踊りになっていた。

そして、高知のよさこい祭りは8月10・11日の本番に向けて6月ぐらいから踊り子募集を始め、よさこい祭りが終わると解散するチームがほとんどであったなか、11月15日の龍馬生誕祭に合わせてよさこい鳴子踊りを披露する、秋のよさこいが平成8年（１９９６）に始まった。

よさこいを通じた高知と北海道の南北交流が盛んになるなか、よさこい祭りの際のチャーター便運航の実績を上げ、平成8年（１９９６）4月には高知空港と新千歳空港を2時間で結ぶ全日空の直行便が就航した。新しい航空路が開通した際には、高知からの飛行機便をＹＯＳＡＫＯＩソーランの踊りで歓迎した。平成13年（２００１）8月までの5年余り、北と南の交流を空路でつないだ。

また、高知県内の地域代表的に出演するチームについては、ＹＯＳＡＫＯＩソーランが始まる前年の平成3年（１９９１）は、本山町、野市町、日高村、安芸市、春野町の5市町村が自治体の名前をどこかにつけたチームを出していたが、令和元年（２０１９）には、四万十町、大豊町、中土佐町、安芸市、佐川町、須崎市、梼原町、香南市、土佐市といった9市町村がチーム名に自治体の名前が入っていて、そのほかチーム名にはないが室戸市、土佐清水市、津野町、黒潮町、香美市でよさこいチームが拠点を置いてイベントなどにも出ている。
こうした地域単位、あるいは中学校高校といった枠組みでチームをつくることが、平成になって高知でも一般的になってきた。

よさこい本家意識の高まり

全国によさこい系イベントが増えて、知名度が大幅にアップしたよさこい祭り目当てに高知を訪ねる観光客に向けて、旅館ホテルの組合などで「あったか高知踊り子隊」が発足したのは、平成9年（1997）だった。

さらに、YOSAKOIソーラン祭りの急成長に危機感を持った高知のよさこい祭りとして本家であるとの意識が高まり、全国に広がったよさこいチームの受け皿になるものとして、平成11年（1999）8月12日に、高知市観光協会を事務局にして、よさこい全国大会をスタートさせた。

高知市の観光名所として著名な「ひろめ市場」を立ち上げた岩目一郎氏は、帯屋町2丁目商店街の役員をつとめ、高知市中心商店街のよさこい祭りを担う中心人物でもあった。全国大会をスタートさせるにあたって、岩目氏は高知市役所の担当者と各地のよさこい関係者を回って全国大会の機運を高めた。

よさこい全国大会は、8月10・11日のよさこい祭りではよさこいチーム独自に用意しないといけない地方車を主催者側で用意をして、中心商店街の会場で全国から集まってもらったよさこいチームに踊りをしてもらおうという試みだ。

北海道に先を越されてはいけないと、当時の松尾徹人高知市長の呼びかけで全国大会が立ち上がった。

よさこい全国大会ができた同じ年には、よさこい祭りでどのチームがどこで踊っているのか、待機しているのかを知ることのできるサービス「どこいこサービス」が富士通の企画で導入された。

高知県以外でのよさこい方式のイベントでは各会場で各チームが踊る時間が指定されているのに比べ、高知のよさこい祭りではチーム自身がどこで踊るのかを当日に決め、原則として先着順で競演場では踊る方式をとっている。

高知に暮らす人たちにとっては、当たり前の先着順システムなのだが、高知県外からのチームや観光客には慣れないところがあった。

また、高知でも競演場での受付をめぐってはチーム同士のトラブルが起きたり、競演場の混雑状況が分からないので、チームがたくさん来て長時間の踊り待ちになる会場となかなかチームが来ない会場の差が大きくなりがちだった。

そうした困りごとを解決する手段としての「どこいこサービス」は、高知のよさこい祭りでは大いに歓迎をされ、それ以降、情報端末の進化に合わせつつ改良を加え、よさこい祭り当日は学生のアルバイトを入れながら、もう20年にわたって親しまれている。

どこいこサービスがあるおかげで、県内外から来る見物客が目当てのチームがどこで踊っているのかを知ることができ、どこで次に踊るかをめぐって熾烈な陣取り合戦が行われることも少なくなってきたように思う。

競演場待時間、チーム位置情報、競演場状況の表示のうち、14の競演場・演舞場の状況伝えるページを開くと、軽妙な土佐弁で「踊りゆ」(踊っている)「待ちゆう」(待っている)「来ゆう」(来ている途中)といった表示のもとで、よさこい祭りに参加登録したチームを各競演場がどんな状態で受け入れているかが伝わってくる。

升形競演場での受付

このシステムのおかげで、この30年近くで70チームも高知県外から参加するチームの数が増え、交流あるイベントとしてのよさこい祭りの情報インフラになっているといっても過言ではないだろう。

こうして、YOSAKOIソーラン祭りなど全国によさこい系イベントができて、高知のよさこい祭りに対する注目度が高まるなか、よさこい祭りを進化させてきた高知では、さらなるイノベーションが起きた。

高知商工会議所青年部、競演場連合会（岡崎直温代表）やチーム代表者会にいる40代前後の若手が主導する形で加速したのが、高知のよさこい祭りにおける1990年代だった。

また、よさこい祭りの高知らしさが変化したことでいえば、高知のよさこい祭りでは賞を競うような風潮は薄くて、チームに対して賞を出さない時期もあった（第2回、第19回から29回はチーム審査がない）のだが、平成10年（1998）からは現在のように「よさこい大賞」「金賞」「銀賞」を出すことが定着した。

本家・発祥の地としての実力もプライドもよさこい祭り関係者には当然あるのだが、これだけ全国的によさこいの輪が広がるなかで、賞へこだわるチームが増えたり、一年中何らかの活動を継続するチームが目立つという点では、多少なりとも高知県外のよさこいから影響を受けているようには感じる。

障害を持った人たちが踊るチームについていえば、札幌のYOSAKOIソーラン祭りで「動夢舞」というチームを視察した高知の関係者が、高知のよさこい祭りで「てんてこ舞」

という チームを結成した。
よさこいチームの踊り子募集時期も、従来は6月ぐらいからだったが、徐々に5月の連休ぐらいからと早くなっている。

そして、高知のよさこい祭りを担っている人たちからも、YOSAKOIソーラン祭り組織委員会が津市や名古屋でのよさこい系イベント誕生を支援したように、静岡県沼津市（商店街アーケードを地方車が支障なく通行できる）や開発されたばかりのお台場でのドリームよさこいを扇谷ちさと氏ら高知の関係者が始める、高知の国友須賀氏が率いるスガジャズダンススタジオが県外への普及に講師を派遣して力を入れる、よさこい祭り振興会のある高知商工会議所が他の商工会議所の要請に応じて支援に入るという動きも顕在化した。

特に平成13年（２００１）８月にスタートした東京の原宿表参道元気祭スーパーよさこいは、表参道の商店街（原宿表参道欅会）や明治神宮の協力をえて、東京にいる高知県関係者や競演場連合会の岡崎直温氏がサポートに入った。

高知を代表するよさこいチームが遠征して、代々木公園やＮＨＫそばの広場も活用し、本場高知のよさこいを見せるという気概で始めたものだった。派手な衣装を着て野外で踊りを披露する竹の子族と呼ばれる若者が１９８０年代前半に登場した原宿で、よさこい鳴子踊りが多くの人々を惹きつけた。

毎年10から20団体のよさこいチームが高知から参加するのが恒例で、スーパーよさこいの中継映像は番組として各地の放送局で録画放送されている。

平成25年（２０１３）に、高知市のはりまや橋商店街そばで「よさこい情報交流館」（佐伯泰典館長）が開設された。全国各地によさこいが踊られるなか、よさこい目当ての観光客を迎えるための施設として、本家・高知の情報発信力強化を期待されてオープンした。

よさこい鳴子踊りの成り立ちを年表パネルや映像資料で示し、歴代のポスターや受賞チーム衣装を紹介し、高知から全国への広がりをマップに落とし込んだ。

衣装や踊りを実際に近い形で体験して記念撮影をして踊り子になったような気分を味わい、オリジナル鳴子も製作できるようにしている。

これまでに30万人以上が訪問をした。

よさこい普及がもたらした関連産業の拡大

ここで、高知を発祥としたよさこいが、札幌のＹＯＳＡＫＯＩソーラン祭りの成立をきっかけに全国に広がっていく影響が、どう、よさこい産業ともいえる経済活動を大きくさせたのか振り返ってみたい。

平成４年（１９９２）にＹＯＳＡＫＯＩソーラン祭りが始まる前は、鳴子を製造販売する企業（やまもも工房、公文善次郎代表）は、高知のみやげ物全般の一つとして鳴子を扱っていたが、全国に鳴子踊りが広がるなかで注文が鳴子に殺到する状態がしばらく続いた。

さらに各チームの意匠を凝らしたオリジナル鳴子づくりを提案し、変わり鳴子を発案するなかで、主だったよさこい系イベントには臨時に店を出すような形で、全国のよさこいネットワークをつないだ。

よさこい産業といった側面でみれば、「やまもも工房」や「こだかさ障害者支援センター」が手がける鳴子の製作販売だけでなく、楽曲・振り付けの製作、地方車づくり、衣装のデザイン制作、よさこい系イベントやチームのプロデュース、フラフ(大旗)づくり、音響機器関連業など、高知のなかだけでよさこいをやっていた時代とは違う規模感でよさこい関連の仕事に携わる人が増えたように思う。

香美市にある「やまもも工房」では、さ

やまもも工房で鳴子を展示

まざまな意匠を凝らした鳴子を展示するスペースを独自に作って、鳴子の縁で訪ねてくる方に見せるようにしている。

高知市の障害者就労継続支援施設の「こだかさ障害者支援センター」では、身体障害や知的障害のある人たちが鳴子を作っていたところ、やはりYOSAKOIソーラン祭りが始まって以降の売り上げは大幅に伸びて、平成14年（2002）に高知国体が開かれたころには約6万組を出荷したという。安価な中国製の流通が盛んになるにつれ、年間3万5千組ぐらいで平成27年（2015）には落ち着いている。

高知県宿毛市でデザインから縫製まで自社でよさこい衣装の制作をするアパレルメーカー「マシュール」（高知市にも店舗あり）によると、平成28年（2016）には約130チームからオーダーがあって、6月下旬から8月のよさこい祭り直前まで衣装にかかりきりになるという。祭り衣装の写真をネット上でアップしているものを見ると、全国から注文があることが分かる。

各地のチームにとって、札幌は6月、高知は8月に合わせて楽曲をつくるように、微妙に締め切りの時期がずれることも、仕事を受注する側からはありがたい。

○よさこいが全国に広がって産業としての基盤が大きくなると、
○息子が事業をついでくれることになった
○大手企業を退職して、よさこいを仕事にします

○新しく工場を拡大移転した
○アジアやヨーロッパからも鳴子の注文が来る
といった声が、よさこい関連で仕事をしている方から聞こえてくる。

美容業界でも「よさこい特需」があるとして、平成30年（2018）に土佐市の化粧用品企画販売会社、三彩がまとめた調査では、よさこい祭りの踊り子が「練習から本番までに使う美容関連消費額」は2万2402円で、参加者数で掛け算をして約3億2200万円をよさこい美容市場の規模と推測している。

実際、中小企業診断士で1級販売士の杉本正博氏が寄稿した四銀地域経済研究所の平成30年（2018）1月号のレポートでは、平成29年（2017）開催のよさこい祭りについて、主催者やよさこいチームなどの直接消費支出として13億2200万円が投じられ、96億2700万円の経済波及効果があって過去最高だったとまとめている。

平成25年（2013）の前回調査の経済波及効果が85億9100万円だったものを10億円ほど上回った。

よさこいチームの支出としては、踊り子の衣装、足袋、鳴子、纏、提灯等の費用、女性メイク費用、貸切バス代、地方車借上げ代、地方車装飾費、弁当代、クリーニング代、慰労会、音楽制作費、振り付け指導料などを計上して、11億2900万円とし、よさこい祭り振興会や高知市観光協会、各競演場・演舞場などの経費として1億7600万円としている。

観光客の消費としては54億4100万円として、内訳は県外観光客による交通費

11億5千万円、宿泊費6億9千万円、飲食費・土産代等28億1100万円、その他消費2億4600万円との推計だ。

このほか、よさこい祭り期間中には高知のテレビ、新聞といったメディアにとっても広告のかきいれどきだ。

当初のよさこい祭り創設の目的が経済の活性化にあったとすれば、商店街の活性化につながっているとは言い難いが、全体的には達成されていると総括できるだろう。

国内最大で交流する祭りに

全国規模で交流するよさこい系イベントの人たち

こうして、高知のよさこい祭りが進化していくうちに札幌でYOSAKOIソーラン祭りが誕生し、全国でその刺激を受けてよさこい系イベントが増加していくなか、よさこいをチームや裏方で支える人々の全国的な交流も盛んになってきた。

そもそも、祭り全般は一般的に地域ごとに特徴を持って観客に見せる、見られるもので、それぞれの祭りが交流していく機能はなかった。

例外としては東京・高円寺で広がった阿波踊りが徳島と東京で相互に連と呼ばれるチームを出し合う、そして、南関東で地域の連が相互のイベントに出演しあうとか、神社の神輿をかついで参加することを目的に移動する人たちが相当数にいるぐらいだろうか。

青森のねぶた系の祭りも、青森以外の各地で開かれているとの報告はあるが、人の交流はともかく、ねぶたそのものの移動はなかなか難しい。

毎年1月に、東京ドームでふるさと祭り東京といったイベントがあって、日本中の祭りを披露して味めぐりができ、高知からも「ほにや」がよさこい鳴子踊りを披露しているが、祭り団体の交流を目的としているものではない。

地域を飛び越えて広域で出演することが常態化する祭り、学生実行委員会が各地の裏方を支援していく祭りは、ネットの普及と拡大の時期、そして高速交通網が発達する時期と重ねた、よさこい系ならではの特徴といえるだろう。

ＹＯＳＡＫＯＩソーラン祭りでは、参加者ガイダンスをする4月、そして、6月の祭り期間中に全国の関係者で交流する機会をつくっている。各地のよさこい系イベントでも主催者が企画しての交流を実施している。２０００年前後の成長著しいＹＯＳＡＫＯＩソーラン祭りの開催期間中は、北海道知事公邸や札幌市長公館を会場に、知事や市長も出席して高知と北海道の関係者が一堂に集まる食事会があった。

三重県の安濃津よさこいでは、各地のよさこい団体のみなさんが日曜日に「津市長を囲む朝食会」として集まるのが恒例で、にっぽんど真ん中祭りのパーティーには愛知県知事や名古屋市長が歓迎のあいさつを述べている。

高知のよさこい祭りでは、6月にあるチーム代表者会の夜に交流会を開き、全国大会の後でもひろめ市場を会場に盛大な打ち上げをしている。

かなりの費用がかかる地方車を必須とする高知のよさこい祭りを別格として、地方車なしでの参加を認めるよさこい系イベントが多数を占めるなか、全国にあるよさこい系チームは踊りを披露する舞台を求めて、あるいは、よさこい系イベントの主催者から声がかかって、週末ごとに各地区を移動している。

全国的に100から200チームが参加するよさこいイベントが各地で成り立つのは、こうしたチーム同士のよさこいイベントでの相互乗り入れが進んでいるからだ。踊りたいという人間の根源的な欲求に応じつつ、それぞれのよさこいチームの地域性や工夫を加えて、頻繁に遠征をするチームは春から秋にかけては週末ごとにどこかに車を乗り合わせて往復することがルーティン化している。

札幌のYOSAKOIソーラン祭りでいえば本州からは飛行機の移動になるのだが、平成4年（1992）の第1回は10チームのうち北海道以外からは発祥の地高知からセントラルグループと高知出身の学生で構成される東京私学六大学の2チームが参加だったのに対し、10年後の第11回平成14年（2002）には参加340チームのうち25都府県と海外から45チームが参加するようになっていた。

なかでも、名古屋のど真ん中祭りと三重県の安濃津よさこいは、どこかの既存チームが札幌で踊るというよりも、遠征のために結成されたチーム（にっぽんど真ん中祭り合同チーム、安濃津よさこい合同チーム）として踊ることで、地域内のチームどうし、また、それぞれの地域と札幌の人的な交流を活発にしていた。

平成18年（2006）の第15回YOSAKOIソーラン祭りでは、全国各地から地域を代表するお祭りキャラバン隊が参加しているとして、はちのへYOSAKOIまつり（青森）、みちのくYOSAKOIまつり（宮城）、うつくしまYOSAKOIまつり（福島）、YOSAKOIソーランジュニア東日本大会（福島）、ちばYOSAKOI（千葉）、YOSAKO

Iソーラン日本海（石川）、YOSAKOIイッチョライ（福井）、にっぽんど真ん中祭り（愛知）、安濃津よさこい（三重）、YOSAKOIさせぼ祭り（長崎）、といった10のよさこい系イベントがキャラバン隊を派遣していると紹介している。

食でよさこいコラボレーション

こうした交流が進む中で、それぞれの地域で特徴のある食品などの特産物を紹介していこうという動きも起きる。

YOSAKOIソーラン祭りが始まった平成4年（1992）8月に高知で踊った北海道からの学生チームは、資金集めの必要もあって宿泊でお世話になった土佐山田町（現在の香美市）の役場前で北海道の物産を販売していたのを覚えている。

6月のYOSAKOIソーラン祭りの際にも、鳴子とともによさこい発祥の地である高知の特産品を売る店が出るのが恒例になっていた。

そして、徐々に北海道の市町村から参加するチームが増えてくると、各地域から集めた特産、名産品をYOSAKOIソーラン祭りのオフィシャルサイトyosanetで厳選100選として販売するほか、YOSAKOIソーラン祭りの期間中には大通公園内に「北のふーどパーク」として全国各地の自慢の味を食べ尽くそうとアピールするコーナーもできた。

令和元年（2019）のYOSAKOIソーラン祭りでは、大通公園の5丁目会場にはテントブースとして鉄板屋台ストリートや北海道産のお酒が楽しめる5丁目酒場があるほか、6丁目会場ではプレハブブースとして広島や三重など全国から集まる全国・市町村うまいもん食堂が置かれ、食事スペースも用意されている。また、8丁目のステージメイン会場から西にある10丁目会場では十勝をテーマにした飲食・物産コーナーができた。

食を通じた北海道と高知の交流を象徴する商品開発もあって、YOSAKOIソーラン祭り15周年を記念して白い恋人で有名な石屋製菓でつくったのが「YOSAKOIソーラン鳴子パイ」だ。北海道のバターと高知のユズの風味を加えているのが特徴で、パイの形も鳴子の形にこだわっている。

北海道のコンビニエンスストアではYOSAKOIソーラン祭り応援商品として、高知名物のぼうしパンが登場した。札幌駅で「YOSAKOIソーラン弁当」という駅弁が売り出され、北海道米使用の鳴子型赤飯、高知のカツオ角煮などが幕の内弁当のような形で入っていたこともあった。

名古屋のにっぽんど真ん中祭りでは、ご当地グルメ大集合として「ご当地ぐるめパーク」が中心部にある久屋大通公園会場で4日間開かれ、北海道のゆでとうきびやジンギスカン、じゃがバターなどを楽しめる。そのほか、宮城、岐阜、名古屋、三重、広島、大分、沖縄から飲食店舗が集まった。

三重県津市の安濃津よさこいでも、メインステージのあるお城西公園には、祭りのスポンサー企業などが出る飲食ブースがあって、北海道を代表するよさこいチーム夢想漣《ゆめそうらん》えさしの出場に合わせて、オホーツク沿岸の特産物を販売する一角がある。

それに対し、高知のよさこい祭りでは、商店街にある大丸百貨店そばにいくつか食べる店の集まりはあるし、競演場に行けば商店の軒先でカキ氷や飲み物を、焼き鳥、焼きそば、唐揚げ、枝豆のようなつまみと一緒に売っているぐらいだ。飲食サービスを店舗で提供するところもあるが、札幌や名古屋のように交流を売り物にした飲食ブースが並ぶことはない。高知の週末イベントでテントを張った飲食会場で活用される中央公園そのものが、よさこい祭りの期間中はメインの競演場として踊りを楽しむ人たちでいっぱいのため、改めてブースを作るようなことはできないのだろう。

高知のよさこい祭りが県外観光客を想定したイベントというよりも、自分たちで楽しむ祭りの要素が強かったためか、食事で祭り見物のみなさんを楽しませるようなことが少なく、また、各地のよさこい系イベントと交流する祭りであることを実感できる飲食ブースも野外では特段にはない。

食や交流に高知では関心がないというよりも、飲食ブースを設営して交流広場的なことをやろうとした場合、高知だと商店街やイベント関係者がすべてよさこいチームや競演場に出払って、これ以上何かできないという事情もあるようだ。

実際、高知のよさこいチームが多数出演する、原宿スーパーよさこいでは平成14年（20

03）から高知県が補助金を出して、会場内に高知県の観光や物産ＰＲをする「よさこい広場」を設けて東京で高知を売り込む拠点にしている。

また、東京にある高知県のアンテナショップ「まるごと高知」では、よさこいのオフィシャルチームとして銀座の柳まつりやドリームよさこいに参加をするなかで、高知産の食品などを扱うまるごと高知のＰＲをした。

ただ、どちらにしても、交流ありきで始まった高知県以外のよさこい系イベントと、独自に進化した高知のよさこい祭りの違いは、食のコラボレーションという点にも出ているように感じる。

高知からの物産が並ぶ（原宿スーパーよさこい）

交流する祭り、どまつりの工夫

交流することを意識した取り組みでいえば、8月下旬に名古屋で開くにっぽんど真ん中祭りでは、祭りに参加しているチームに対して意見を聞く会を、それぞれの地域に出向いて開くことを継続している。

2月にはどまつり合宿として、平成31年（2019）には岐阜県の下呂温泉を会場に、チームのスキルアップ、交流、祭りの企画・ルールづくりを目的とした400人参加の1泊2日の研修合宿を行い、その場で出た意見を反映させて参加要項を作っている。

合宿のあとは西三河、東尾張、知多、東三河、岐阜、名古屋、三重といった地域ブロックそれぞれに、にっぽんど真ん中祭りの事務局がどまつりの説明をして質問をもらい、懇親をする場を設けている。

にっぽんど真ん中祭りに参加をしたいとするチームが全国的に増えているため、愛知・岐阜・三重の東海3県に加えて、関東ブロック、関西ブロックでのチーム説明会を4月までに開催した。

「観客ゼロ‼＝全員参加型」の祭りを目指す、にっぽんど真ん中祭りらしい取り組みだ。

また、にっぽんど真ん中祭りでは、どまつりキャラバン隊として、

○国内外のイベントや祭りに参加し、どまつりの普及活動を行う

○青少年の健全育成のため、小・中学校への普及活動を行う
○チームのスキルアップや祭りの魅力度向上のため、モデルにふさわしい魅力あるチームづくりの推進に努める

とする活動を継続して、国内外に魅力を伝えている。

祭り参加者全体の合宿やチーム説明会といった場づくりは、北海道のＹＯＳＡＫＯＩソーラン祭りがやっていたものを、にっぽんど真ん中祭りでは仕組みとして継続させている。どまつり参加を目指すチームに対してはチーム立ち上げノウハウの説明会を、総踊りを覚えたいというチームには総踊りの出張練習会を行っている。

九州のよさこい系イベントでは、名古屋のにっぽんど真ん中祭りのキャラバン隊チームが参加をしていて、存在感を発揮している。

高知のよさこい祭りは、よさこい期間中の宿泊施設がいっぱいで、かつチーム数が増えてメイン会場の追手筋で踊ることができないチームが出ているなか、高知県外チームに積極的に「よさこい祭りに来てください」とＰＲする状態でない。それに比べ、にっぽんど真ん中祭りはチーム参加数は平成30年（２０１８）で２１０チームと、高知のよさこい祭りとほぼ同じ規模なのだが、まだまだチーム数を増やしても大丈夫といった判断のもとで、にっぽんど真ん中祭りの普及に励んでいるようだ。

交流が支える、よさこい祭り

ＹＯＳＡＫＯＩソーラン祭りが始まった平成4年（１９９２）に、高知のよさこい祭りでは参加１３８チームのうち、高知県外からの参加は5チーム（北海道、東京、神奈川、兵庫、香川）だったのに対し、各地のよさこい系イベントができた10年後の平成14年（２００２）には参加１５７チームのうち13都道府県から21チームが高知県外からの参加になった。

その後、平成28年（２０１６）のよさこい祭りでは参加２０５チームのうち、高知県外から参加は61チームと大きく増えた。

高知のチームそのものは少子化の影響もあって踊り子集めに厳しいチームが増えるなか、高知県外からのよさこいチームがよさこい祭りを支えているともいえる。

興味深いのは、平成4年（１９９２）から平成28年（２０１６）という、札幌のＹＯＳＡＫＯＩソーラン祭りのスタートから全国によさこい方式のイベントが広がった24年間に、高知のよさこい祭りでのチーム数増加は１３８から２０５と67チーム増だったうち、高知県外からの参加チーム増加は56チームだったことだ。

高知県外から高速道路などを使って参加するチームの増加が、高知のよさこい祭りを盛り上げていることが分かるだろう。

そして、高知以外からの参加を希望する、よさこい祭りで踊りたい人たちのなかにはよさこい祭りに県外からのチームとしての遠征に加わるのではなく、一般参加者募集に応じて札幌や東京から個人的に高知のチームに所属して踊ることを選択する踊り子が出現するほか、そもそもインターネット上で参加者募集をし、個人的に練習をしたうえで、よさこい祭り直前に合流してよさこいを踊る団体（ネットでよさこい高知チーム）も登場している。

平成28年（2016）のよさこい祭りでは、高知の商店街を代表するチーム「帯屋町筋」で踊り子130人中約40人が高知県外からの参加、全国で踊り指導をしている「須賀IZANAI連」では130人中約90人が高知県以外から踊りに来ているということだ。

平成25年（2013）に高知市が行った調査によれば、回答のあった高知県内のよさこいチーム70チーム中46チームに713人の高知県外在住の踊り子がいた結果が出ている。

そして、そのような交流を通して、よさこいを演舞する者が次の瞬間にはよさこいを見る者に立場を変え、見聞きしたことに刺激を受けて次のよさこいを考えるということが当たり前になった。他の地域のよさこいチームと交流するなかで、互いのよさこい系イベントにチームを派遣しあう現象も進んでいる。

プロのダンサーでもなく普通に生活をしている踊り子が、自分の楽しみとして自ら選んだネットワークのなかでよさこいを踊り、それをさまざまな形でステージやストリートで発信している。

また、互いに発信しあうものから新しい発見を得て、自分やよさこいチームのあり方を変えている。

個人や団体としてさまざまな表現がＳＮＳなどによって可能になっているネット社会のあり方と似た交流のあり方を、よさこい系イベントのなかで見ることができそうだ。

インターネットのホームページでは、全国のよさこいを通じた交流をしたいとするニーズに応じて、よさこいチームやよさこい系イベントを網羅的に紹介するページがいくつか誕生して、頻繁に更新がされている。

そして、各地のよさこい系イベントも、いつどんなイベントがあるのか、どこのチームがいつ演舞を披露するのか、今年の特徴はどんなことなのか、といったことをネットを通じて知らせる工夫をしている。

災害復興で活躍するよさこいネットワーク

派手な衣装で踊るよさこい系イベントと災害復興と聞いて、何の関係があるのだろうかと思う方も多いだろう。

実際、昭和の時代、よさこい鳴子踊りが高知でのみ行われていたころは、昭和47年（1972）7月に土讃線繁藤駅周辺での土砂崩れで60人が亡くなった繁藤災害が発生したとき、同じ年のよさこい祭り開催が8月29日からと延期になった以外、災害とよさこいの関係での記録は少ない。

ただ、平成7年（1995）に阪神淡路大震災、平成23年（2011）に東日本大震災が起きたこと、そして、YOSAKOIソーラン祭りが平成4年（1992）に始まって以降、よさこい系イベントが日本で最大の「交流する祭り」として全国に広がるなか、大きな災害が起きるたびに復旧・復興のなかでよさこいネットワークが役割を果たしている。

阪神淡路大震災のときは、正調よさこいを守ってきた尼崎武善会チームや神戸が発祥のダイエーショッパーズのチームが、よさこい祭りへの出場を見送る影響があった。

兵庫県立看護大学からの参加は震災の影響で断念しかけたが、高知女子大学の協力で合同チームとしての出場になった。関西地区大学連合は「がんばれ神戸」の旗を振って、よさこい祭りで踊った。

YOSAKOIソーラン祭りの30年足らずの歴史のなかで、災害復興と関係して語られる最初は、平成5年（1993）7月に発生し、火災や津波で死者行方不明者合計230人にのぼった北海道南西沖地震で大被害を受けた奥尻島の復興をめざすYOSAKOIソーランチーム「どいつもこいつも奥尻人」の結成だ。

大災害から2年たった平成7年（1995）12月に札幌からYOSAKOIソーラン踊り子隊が奥尻島を訪ねて踊りを披露してから、島内の青年団や婦人団体が中心になってオリジナル音楽と踊りをつくって、平成8年（1996）6月のYOSAKOIソーラン祭りで震災復興をPRした。

地震被害でマイナスイメージがある奥尻島が復興に向けてがんばっていると示し、観光に向けてアピールをしたい、札幌でたくさんの観客に見てほしいと参加した。

平成12年（２０００）の有珠山噴火の際は北海道のＹＯＳＡＫＯＩソーラン祭り関係者が募金を行う、そして、高知の鳴子作りを行う小高坂更生センターからは北海道伊達市で被災したチーム「北の湘南だて」に鳴子１６０組をプレゼントをした。

平成16年（２００４）に起きた新潟県中越地震の被害にあって小千谷市の仮設住宅に暮らす中高生50人をＹＯＳＡＫＯＩソーラン祭りに招待して踊ってもらう、といった取り組みがあった。


なかでも、平成23年（２０１１）の東日本大震災のときは、被害の大きかった東北や関東といった地域にもよさこい系イベントは広がっていて、影響は格段に大きくなった。

東日本大震災から3カ月後の第20回ＹＯＳＡＫＯＩソーラン祭りは、参加チーム数が全部で２８４チームと前年より20チーム減少し、13年ぶりに３００チームを割り込んだ。特に、北海道以外の参加チーム数が17減の65チームで、踊りで参加する人数も前年度比２千人減の2万８千人となった。また、札幌市内の麻生商店街や本郷商店街などでは自粛ムードや消費の低迷もあって7会場で開催を取りやめることになった。

そこで、平成23年（２０１１）のＹＯＳＡＫＯＩソーラン祭りそのものが「復興支援大会」との位置づけで、義援金（３４５万円が集まる）の募集、チャリティーリストバンドの販売（1本３００円）を実施するとともに、被災地から参加した、北里三源色（青森）、郷人（福島）、かみす舞っちゃげ祭り隊（茨城）、ちばYOSAKOI村（千葉）の4チームには、大通公園西8丁目ステージで行われるイベント「ソーランナイト」に特別出演をしてもらい、東日本大震災が起きて3カ月になる6月11日午後2時46分には全会場で踊りを止めて黙とうをした。

また、YOSAKOIソーラン祭りを代表するチームの新琴似天舞龍神（梶浦宣明代表）、夢想漣《ゆめそうらん》えさし（石岡武美代表）らが、岩手県の被災地らを訪ねて演舞をした。

平成23年（2011）10月8・9日に仙台市で開催のみちのくYOSAKOIまつりでは、期間中の9日にYOSAKOIジャパン全国連絡協議会の呼びかけで、全国20都道府県30会場で「追悼YOSAKOIを踊ろう」が開かれている。

よさこい発祥の地、高知では東日本大震災の後、平成23年（2011）には被災地である宮城県岩沼

平成30年（2018）YOSAKOIソーラン祭りでの夢想漣《ゆめそうらん》えさし

市や福島県浪江町の小・中学生を招待し、浪江町のよさこいチーム「Wonder なみえ」からは15人の小・中学生が高知市役所のチームと一緒に踊った。平成24年（２０１２）のよさこい祭りでは、原発事故の影響で各地で避難している「Wonder なみえ」のメンバーが集まって、オリジナルの衣装と踊りを披露した。

チャリティーリストバンドで被災地支援をしようという動きは高知のよさこい祭り関係者でもあって、「We are YOSAKOI Family」の文字と鳴子の絵が入った1本５００円のリストバンドを製作し、被災地支援に収益金をあて、市民憲章踊り子隊の一員として高知で踊った宮城県岩沼市の子どもたちの交通費支援にも役立った。

また、「よさこいで東北に元気を」をキャッチフレーズに、高知県内の青年団と大学生が「高知県青年にぎわいボニート from 3.11」（大崎博士代表）というチームを結成し、宮城県名取市閖上地区との交流などをしつつ、10月のみちのくＹＯＳＡＫＯＩまつりに連続して参加をしている。

東日本大震災の復興を目的にした、チャリティーも行うようなよさこい系イベントは各地で開催されていて、被災地に近い東北や関東では目立った。

ここ数年の動きでは、平成28年（２０１６）4月に起きた熊本地震では、翌5月に熊本地震復興支援チャリティーよさこいが東日本大震災以来、被災地復興を支援していたよさこいチームがある埼玉県飯能市で開かれた。

そして、毎年3月に熊本市内を会場に開かれていた火の国YOSAKOIまつりでは、同じ日程で熊本地震復興応援九州がっ祭を実施するとして、鳴子を持ってよさこいを踊る団体に加え、九州一円から郷土芸能などが集まるイベントが学生らの実行委員会で開かれている。

平成31年（2019）3月に、熊本の火の国YOSAKOIまつりを訪ねると、北海道や名古屋の学生チームは参加していた。

平成30年（2018）8月に起きた西日本豪雨では、被害が大きかった愛媛県大洲市のえひめYOSAKOIを復活させようと、水没した音響機材を購入する寄付をネット上で呼びかけるクラウドファンディングを行ったところ、よさこい発祥の地である高知のよさこい祭り振

鵜飼舟で会場移動をするえひめ YOSAKOI（大洲市）

興会も協力を求める輪に入って目標額達成に導いた。

平成30年（2018）9月に北海道で発生した胆振東部地震では、野口観光の社員らでつくるYOSAKOIソーランチーム「呉羽《くれは》」がいくつかの温泉地で渾身の踊りを披露して、災害があっても元気な北海道をアピールした。

同じ地震で被災した日高地方の平取町にあるYOSAKOIソーランチーム「平取義経なるこ会」では、祭りの実行委員会に寄せられた義援金を活用して新しい曲を作って、6月のYOSAKOIソーラン祭りで踊った。

よさこい鳴子踊りを通じたよさこい系イベントで交流するネットワークが、いざというときの災害復旧復興に果たす役割には、もっと注目が集まってもいいだろう。

試練のよさこい系イベント

よさこい系イベント成長のピーク

YOSAKOIソーラン祭りが始まった平成4年（1992）から、名古屋ど真ん中祭りが200チームで2万人の参加者規模に達した平成19年（2007）ごろまでは、各地のよさこい系イベントは全国的にほぼ成長する道筋をたどっていた。

毎年のように札幌のYOSAKOIソーラン祭りに行くなかで、100チームほどだったときは、それぞれのチームの成り立ちや代表者の

札幌ドーム完成をYOSAKOIソーランで祝う

顔や人柄、踊りや衣装の特徴が見えていたのだが、400チームを超えようとする急成長ぶりに、一つ一つのチームを把握することは徐々に難しくなった。

平成13年（2001）6月の札幌ドーム完成のこけら落としでは、総勢6千人が音楽と踊りを披露するイベントがYOSAKOIソーラン祭りの本祭りが終わってすぐのタイミングにもかかわらず、YOSAKOIソーランの数千人の踊り子が参加して行われた。

平成16年（2004）にはプロ野球球団の日本ハムファイターズが、その札幌ドームに本拠地を移し、北海道日本ハムファイターズとして開幕を迎えるが、その際には新しく公式応援歌「GO！ GO！ ファイターズ」がYOSAKOIソーラン組織委員会との共同制作で作られた。鳴子を持った踊りつきなのが特徴で、「ミスターYOSAKOIソーラン」の異名を持つ、YOSAKOIソーラン祭り創設時からボーカルをつとめる宮本毅さんが伸びのある声で応援歌を歌っていた。

北海道で新しい球団がどのように北海道民に愛されて定着するかが課題とされたときに、YOSAKOIソーラン祭りと新しい球団がつながることで愛着を増やすことになると期待されたものだ。

平成12年（2000）にはYOSAKOIソーラン祭りの開催期間中、大通公園会場そばで学生実行委員のなかで重傷者の出る爆発事件が発生し、YOSAKOIソーラン祭りに反発する人たちがいることが表面化したが、たちまちに勢いがそがれることはなかった。

筆者自身も毎年のようにYOSAKOIソーラン祭りに通ってきたが、この当時は新千歳空港に到着すると駅の売店でYOSAKOIソーラン祭りの会場やチームのタイムスケジュールが掲載された「よさこいタイムズ」（スマホの普及に伴ってか、今は発刊されていない）を買い、その年の祭りの新しい催しや特徴をつかんでから札幌入りするのが習慣になっていた。

平成20年（2008）開催の北海道・洞爺湖サミットでは、先進国首脳の集まる歓迎レセプションの会場で、YOSAKOIソーラン大賞を受賞した平岸天神（中井昭一代表）と準大賞の新琴似天舞龍神の演舞が披露される盛り上がりもあった。

よさこい系イベントが高知だけでなく全国各地で受け入れられていくことで、よさこい方式が今の日本社会のなかで先進性・普遍性を持つことが確認される一方で、学生をはじめとする住民主導で地域を活性化するものだとの評価が高くなった。

よさこい発祥の高知では、平成13年（2001）に宮城県で開かれた「みやぎ国体」のフィナーレでみちのくYOSAKOI祭りに参加する22チームの踊り子ら1800人がよさこい節に乗って乱舞したことを受けて、平成14年（2002）開催の「よさこい高知国体」の開会式ではいろんなチームから2600人の踊り子が参加して、鳴子を打ち鳴らしての総踊りとして国友須賀氏らの指導でメインとして披露された。

高知のよさこい祭りのチーム「ほにや」（泉真弓代表）での実話をもとにした映画「君が踊る、夏」（溝端淳平主演、「君が踊る、夏」製作委員会）は平成22年（2010）に東映の配給で全国で公開となっている。

いずれも、よさこい方式の祭り・イベントが日本各地で広がっていくなかで取り上げられたものだ。

頭打ちになるよさこい系イベント

しかし、YOSAKOIソーラン祭りのチーム数が平成13年（2001）には408チームを記録していたものが、10年後の平成23年（2011）には東日本大震災の影響もあって284チームと300チーム数を割り込む事態になる。

とりわけ、広い北海道内の市町村をほぼ網羅していた地域のチームが、市町村合併が進んだこともあるが、それ以上に踊り子が集まらないとの理由で出場を停止したり、チーム同士の合併をするケースが目立ってきた。

平成17年（2005）には、YOSAKOIソーランチーム「よさこい栗沢」が、市町村合併に伴ってチームの活動を支えてきた年間25万円の町からの補助金がなくなることを理由に解散を決めた。

YOSAKOIソーラン祭りの受賞で常連チームだった日高地方の三石なる子会のチームが、平成19年（2007）秋に解散を検討していると報道されたことは、その後に復活することあったのだが、大きなショックを関係者に与えた。

チームにとって厳しかったのは、YOSAKOIソーラン祭りの規模が大きくなって北海道で定着し、楽曲や踊りのレベルが格段に向上した反面、コンテスト化が進み、運営が複雑になって安全管理面での規制が強化されたことだ。

YOSAKOIソーラン祭りの組織委員会が平成14年（2002）に祭りの質を維持しようと、前年の参加が408チーム4万1千人に膨らむなか、チームの最低人数を原則40人と決めたことも、過疎と高齢化が進む地域のチームには辛い状況になった。

警備上の理由もあって、札幌のYOSAKOIソーラン祭りに出場するためには北海道内にある支部で選抜した方がいいのではないかとの議論もあった。

平成21年（2009）に最低人数40人の規制は緩和されることになるが、最盛時には100人を超えて踊りたい人たちが集まっていたチームが、新しく人が集まらずチームから離れる人が出ることで、20人を超すのがやっとということころが増えてきた。

よさこいのチームはなんとか維持できても、札幌まで遠征する費用の捻出ができないという声も聞いた。

その結果、仲間を集めて踊りをただ楽しみたい、創作の喜びを味わいたいとする個性的なチームの新たな参加が乏しくなって、YOSAKOIソーランのチームは閉鎖的だ、マンネリに陥っていると指摘されるような事態が生じている。

平成20年（2008）9月にはYOSAKOIソーラン祭りの関連グッズを製造していた

北海道の企業が民事再生手続きの開始を申請する方針だとする報道も流れた。

北海道の地上波におけるＹＯＳＡＫＯＩソーラン祭りのテレビ中継も、平成30年（２０１８）には３つの番組で合わせて５時間の枠となっている。ネットを通じた５日間の番組配信の中継もできてはいるが、影響力の大きな地上波での中継が減ったことは、一抹の寂しさを感じる。

主催者側も規模の小さなチームが競い合うＵ－40大会（40人以下のチームが参加できるもの）をＹＯＳＡＫＯＩソーラン祭り期間中に開き、小規模チームに注目が集まる仕掛けを作ったり、審査員のなかに１３０人の市民審査員を公募するような工夫を加え、さまざまな対策を講じて参加チーム数を維持しているところだ。

年齢が中学生以下のジュニア大会を開催する、飛び入り参加可能なワオドリスクエアを大通公園内に作っていることもそうだ。

全国的にみても規模の拡大をしてきたよさこい系のイベントの参加チーム数が頭打ちになる、一つのチームあたりの人数が少なくなる傾向だと聞く。よさこい系イベントが増えたというニュースよりも存続が厳しいとの声が伝わることが目立っている。

１９７０年代から１９９０年代にかけて、よさこい系イベントが増え始める前に各地で広がりを見せていた阿波踊りやねぶたのイベントが、阿波踊りでいえば日本の伝統的な踊りのスタイルから脱皮しなかったこともあって、近年は広がらなくなったことと同じ現象が起きているようだ。

もちろん、平成22年（２０１０）から継続している茨城県神栖市のよさこいとダンスの祭典「かみす舞っちゃげ祭り」や高松市で香川大学の学生らで新しく平成28年（２０１６）にＹＯＳＡＫＯＩ高松祭りを、高知からの６チームを含めた43チームの参加でスタートする動きも出ている。

広島県福山市でも新しいよさこい系イベントが「ふくのやまよさこい」として平成27年（２０１５）に始まっているが、次々と新しく今に続く規模の大きなよさこい系イベントがスタートしていた１９９０年代後半と比べると、新規によさこい系イベントを始めたと聞くことは少なく、よさこいが広がる勢いは一定のピークはすぎた。

参加が最大規模２００を超える、高知のよさこい祭り

それに対して、戦後生まれの代表的な都市型の祝祭と位置づけられるようになった、よさこい祭りを担う高知では、祭りに参加する団体数は過去最大規模の２００前後を保っている。高速道路を利用して参加する高知県以外から参加するチームが平成になってから増えた影響があって、高知県内では少子化の影響などで一つのチームあたりの踊り子数が減少傾向にあるものの、チーム数は増える傾向を続けている。高知市以外の市町村から参加するチーム数も増えた。

瀬戸大橋が昭和63年（１９８８）に開通して本州と四国がつながり、ＹＯＳＡＫＯＩソーラン祭りが始まった平成４年（１９９２）に、高速道路が瀬戸内海側から太平洋側まで抜けて、高知への自動車でのアクセスが格段に良くなったことの影響は大きい。

よさこい系イベントやよさこいチームが爆発的に増えることはなくなったが、各地でよさこいがそれぞれに根を張るなか、高知の魅力に吸い寄せられる人たちは増えてきた。

日程が固定されているよさこい祭りでは、曜日配列で8月10・11日が休みになるかどうかによって参加チーム数に大きな変化があるのではという予測もあったが、よさこい祭り期間中の8月11日が平成28年（２０１６）から「山の日」として新たに祝日になったおかげもあって、曜日配列によっての参加チーム数の増減幅は大きくない。

どちらかといえば、初出場と高知県外の出場回数が少ないチームが抽選で当たらないと追手筋の高知放送でテレビ中継がある会場を踊れない、観客のみなさんと距離感なく楽しめる帯屋町アーケードで踊れない、という制限をかけているほうが問題にされるほどだ。

ただ、一つのチームあたりの踊り子数の減少や、高知市内の競演場を支えてきた商店街の衰退がよさこい祭りスタッフの担い手不足という形で課題として指摘されている。

よさこいチームの小型化が進む状況は、よさこい祭りで平成13年（２００１）に1チーム当たり１１１人だった踊り子数が、平成27年（２０１５）には87人になるということで示されている。参加チームそのものはこの間、１５３チームから２０６チームに増加しているが、１００人を超すチームは少なくなった。

その背景には、高知県内の20代の若者の数が昭和60年（１９８５）には9万３６７人だったものが平成27年（２０１５）には5万５２２３人と6割程度になって、若い踊り子の絶対数が少なくなったことがある。また、踊りが難しくなって気軽に参加できるチームが減ったのと、踊り子が支払うチームの参加費用が高くなったことも理由にあげられる。

高知でも札幌でも、よさこいでイノベーションを支えてきた新たなチームの革新の動きがなかなか見られないのも、この10年ほどの特徴だ。

よさこい系イベントの過度なコンテスト化によって、賞を取るチームをお手本にして磨き上げをするチームが増えることによって、よさこい鳴子踊りの持つ形式にとらわれない多様な踊りが登場する魅力が薄れているように感じる。

例えば、高知大学には「南溟寮」という旧制高校以来の伝統ある男子寮があって、練習もほとんどしないまま衣装も地方車もテキトーな、参加費2千円のよさこいチームがある。

高知の世間からはほとんど絶滅危惧種的に「よさこい祭りのシーラカンス」といった評価を受けるバンカラ風の踊りをしている。チームのメンバーそのものが「南溟寮チームで踊るには、まず恥ずかしいとの気持ちを捨てることが必要だ」と語るのだが、高知にしかないよさこいチームとして愛されているのも間違いない。

その意味では、賞を目指して序列がついていくチームが増えていくよりは、横にいろんなチームが広がる方が、多様性を尊重する自由な祭りらしい深みが出てくるように思う。

また、近郊の商店街を支える店舗や働く人が少なくなるなか、商店街としてよさこいチームか競演場のどちらかを中断せざるを得なくなって、結果的によさこいチームをあきらめる動きが出ている。平成30年（２０１８）のよさこい祭りでは、伝統ある商店街の菜園場《さえんば》と愛宕で50回以上出場してきたチームを出さなかった。

そのような事態を受けて、いくつかの競演場には大学生たちが給水や誘導のスタッフで入るようになったり、ＳＮＳを通じて高知県外から手伝いにきてくれている。

よさこい祭りの本番前には、競演場で行う飾りつけやテントの準備をするといった設営の部分などで、祭りで踊りを披露するチームのメンバーが「できることはやりますよ」と、応援することが増えてきた。

南北に距離が長いストリート型の愛宕競演場では存続の危機をネットなどで訴えるなか、近くに電力関係の施設がある四国電力の社員が給水を手伝い、高知工科大学サークルの学生もスタッフに入り、千葉や三重からも応援のみなさんが遠路やってきた。

筆者もここ数年は、よさこい祭りの本番は升形地域競演場のスタッフとしてチーム誘導の手伝いをしているが、近くの事業所の関係者やＰＴＡといった近所の住民のみなさんといった商店街関係者以外の手伝いがあって、競演場がまわせていることを実感する。

競演場の運営を担ってきた商店街が外部からのスタッフをお願いしやすいよう、菜園場競演場を対象に高知市役所で「運営の手引き」を作成した試みはあるが、成果が目に見えるようになるまでには時間がかかりそうだ。

鳴子踊りをさらに活かしていくために

よさこい系イベントの活気が薄れているのではないかと指摘を受ける時期だからこそ、そもそもの鳴子を持つ意義を考えてみたい。

鳴子を打って踊ることで、鳴子が踊りを大きく優雅に見せてくれ、「素人も上手に見える」とする。一方で、鳴子を持つことで制限される動きが多いため、手そのものを使う振りはできないし、手を打ち鳴らしたり握り拳を突き上げたりすることができなくなるので、「玄人は巧くなりすぎない」という指摘が、高知のよさこい祭りを長年支えてきた岡崎直温氏の著書『よさこいはよさこいじゃき』（イープレス出版）のなかにある。

要は、踊りの上手いか下手かのレベルを合わせる効果が、はりまや橋の欄干の色をモデルにしたという鳴子を使うことで生まれるとのことだ。

それだけ、鳴子はよさこい祭りにとって大切なものなのだが、音響機器の発展で鳴子の音が聞こえにくいという問題が顕在化したので、例えば高知のメーカーでは「鳴る鳴子」を開発して音が響くように工夫をしている。

また、『よさこい祭り20年史』に寄稿した、よさこい祭り創設者の一人である浜口八郎氏がよさこい鳴子踊りを民謡踊りとみるか、街頭踊りとみるかの相異によって見方が変わると述べているのも興味深い。「民謡踊りは足、手の動作がピシッとそろい、優雅さが求められるが、街頭踊りは型にこだわることなく、リズムに合って前進すればよく、見る人、踊る人、すべての人々がアホウになって、踊りに酔いしれるものでなければならない」とあるのがそれだ。ストリートを練りながら踊る、よさこいの原点になる考え方だろう。

名古屋のにっぽんど真ん中祭りでは、第20回開催の平成30年（２０１８）の祭りからは鳴子を持たないチームも参加を認めるようになって、鳴子の使い方は各チームの演出に任せるようになった。その結果がどうなるのか、いろんな意見を広く集約してきた実績を持つどまつりだけに注目している。

よさこいのマンネリ化を打破し、裾野を広げていこうとしたときに、鳴子を持つことの価値を深く考え、なぜ、広くよさこい形式の祭りがここまで多くの人々に支持をされてきたのか、愛され続けていくためにはどうなる

鳴子踊りの魅力を伝えたい

べきか、論点を整理して各地で議論する必要がある。

高知のよさこい祭りも、昭和29年（１９５４）にスタートして30年近くたった１９７０年代に現代風にアレンジした祭りに本格的な脱皮を始め、１９８０年代にクラブチームが登場し、１９９０年代に全国に広がったことを思い出してほしい。

また、そんなときに、あらためて、よさこい祭り発祥の地である高知からは、

○鳴子を手に持ち打ち鳴らす練習が基礎になること
○年に一度の祭りに合わせてチームが短期で踊りを仕上げること
○競演場・演舞場が小学校区単位のコミュニティとつながって祭りを担っていること
○世代ごとに祭りのなかで役割があること
○人のつながりの多彩な面がよさこいチーム構成に反映されること

を保ちつつ60年以上続いたという、その意味での伝統的な実態を、よさこいの勢いの陰りを感じている地域の人たちに伝えることができるのではないかと考えている。

よさこい？　ＹＯＳＡＫＯＩ？

これまで、高知のよさこい祭りが始まって、札幌にＹＯＳＡＫＯＩソーラン祭りが生ま

れ、全国に広がってきたことを、よさこい方式の広がり、あるいは、よさこい系イベントの広がりと呼んできた。

ただ、そのなかでも、高知のよさこい祭りに影響を受けたものと札幌のＹＯＳＡＫＯＩソーラン祭りを手本とするものに分かれる。あるいは特定のよさこい系イベントやよさこいチームを指して、よさこい系かソーラン系か、高知系かソーラン・どまつり系かといった分け方をする向きもある。

踊り方をとっても、ストリートで前進する踊りを前提とした高知スタイルと、ファイナル審査をステージで行う札幌のスタイルで違いが出ている。

高知県以外のステージ踊りに慣れたよさこいチームが、初めて高知のよさこい祭りに参加をすると、ストリートのパレードで前進を続けないといけないところで、いつものように前進を止めて後方に展開をしたところ、高知の会場関係者に叱責されるときがあるという。

高知のよさこい祭りでは隊列を組んで美しくそろい、鳴子の鳴らし方にこだわって踊るチームを良しとしがちなのに対して、札幌のＹＯＳＡＫＯＩソーラン祭りでは舞台で物語性のある動きの激しい踊りを、多彩な道具類を使って披露するチームが優秀とされがちだ。

この違いの背景には、8月に30度を超す暑さのなかで踊るよさこい祭りと、6月とはいえ夜になると10度を切る気温のなかで踊るＹＯＳＡＫＯＩソーラン祭りの気候の違い、そして、楽曲のもとになるよさこい節とソーラン節の違いからくるものと説明ができる。

にっぽんど真ん中祭りは8月下旬の蒸し暑さの残る名古屋での開催なのだが、スケールの大きな激しい踊りをステージで披露するチームが評価されやすいという面では、YOSAKOIソーラン祭りに近いのかもしれないが、ファイナル審査に残る前のチームパレードを眺めていると、高知のよさこいチームに近い踊りもよく見かける。

高知大学の授業で、よさこい祭りのチームとYOSAKOIソーラン祭りのチームの踊りを学生に見てもらったとき、よさこい衣装生地の厚さが高知では薄く、北海道では厚めになっているとの指摘もあった。

どちらが良くて、どちらが悪いというものではないが、日本の野球とアメリカの野球が違うように、また、日本の大相撲とモンゴル相撲があるように、南と北のよさこいでは従来の盆踊り系の祝祭と比べると共通項が多いものの、互いに違う部分も目に付くようになってきた。

そして、よさこい系とソーラン系という分け方がある一方で、高知の国友須賀さんが伝えてきたチームには鼻の部分を白く塗った独特の歌舞伎の隈取りスタイルの化粧があって、いわば須賀系と呼ぶことのできる系統がある。

このよさこい系とソーラン系ともいえるスタイルの違いを楽しみに変えることができればいいのだが、賞を取るとか取らないとか、あるいは互いの対抗意識から上下関係をつけようとすると話が難しくなる。

筆者自身、高知出身で札幌のYOSAKOIソーラン祭り立ち上げを手伝った立場なので、高知に戻って暮らすようになって20年ほど経つが、「あなたは高知系？　それともソーラン系？」と聞かれたり、「ＹＯＳＡＫＯＩソーラン側の人ですよね」とレッテルを貼られることがある。

まるで、高知のよさこい祭りの真似をした札幌のＹＯＳＡＫＯＩソーラン祭りに規模や知名度で劣るようになったのは、高知のよさこいが札幌に取られたからだとの意識を、高知のよさこい好きな人から感じるときがある。

あるいは、高知の人たちだけで遊びの延長で楽しんでいたよさこいを、ＹＯＳＡＫＯＩソーラン祭りが始まったことで奪われてしまったような感覚を抱く人もいるほどだ。

もちろん、そうでない実態は、例えば高知のよさこい祭りの踊り子数の減少を補っているのは高知県外からいらした踊り子のみなさんであることや、高知のよさこいチームがＹＯＳＡＫＯＩソーラン祭りが始まった当時とは比較できないほど日本全国に呼ばれる機会が増えていること、また、高知ではよさこいが全国に広がるなかでよさこいを職業にできる人が飛躍的に増えたことで示せるが、感情的な「よさこい派？　ＹＯＳＡＫＯＩ派？」の議論に向かうのが嫌で、つい高知では黙ってしまうのが現実だ。

その意味では、よさこい発祥の地、高知にいると感じにくい「交流する祭り」であるよさこい系イベントの良さを、災害復旧・復興での協力のことや各地のよさこい系イベントで「土佐の高知のはりまや橋で」に始まるよさこい節が流れていることを例にあげながら示していきたいと思う。

原点を振り返って、そこに価値を見出すことは重要だが、高知と札幌のよさこいの違いを強調して目くじらを立てることは、開放的で自由を尊ぶ、よさこい祭りの本質からはふさわしくないだろう。

日本で生まれた武道である柔道が、昭和39年（1964）開催の東京オリンピックを契機にオリンピックの正式種目となって国際化して国際柔道連盟が発展し、日本では白色しか認めていなかった柔道着に青いものも登場してルールのあり方も変化した。世界の各地でスポーツとしての柔道を愛好する人々がいるなかで起きることに対して、日本人が抱く感情と同じような気持ちが、よさこいを愛する高知の人々のなかにはあるのかもしれない。

地域に当事者意識とワクワク感を持たせよう

地域活性化を目指してスタートした各地のよさこい系イベントは、各地のチームに参加をしてもらうことで確実に一時的なにぎわいづくりには貢献している。

しかし、どこのよさこい系イベントに行っても、登場するチームは地域色やコンセプトの違いを演出するものの同じようになりがちで、よさこい系イベントはどこも似通ったものだとされつつある。

本来だと多様な市民参加を促していくのがよさこい方式の祭りの特徴だったのに、ある意味でよさこい好きな人たちの閉じられたイベントのように思われるようでは、地域全体の活性化のためにはならないように考える。

「よさこいって、ダンスが好きな人たちのコンテストでしょ」

「仲間内で騒いでいるだけで、よさこいは自分たちには関係がない」

「よさこいがあるために交通渋滞が起きるのはがまんできない」

「よさこいって、柄の悪い人たちの集まりじゃないか」

と一般の人たちに言われないようにしたい。

実際、高知大学に来てよさこいチームに入って踊るようになった学生から、

「出身地の関西の友人に高知でよさこいで踊ることになったと話をしたら、〝高知大に入ってヤンキーになったの？〟と言われてショックだった」

と聞くと、そういった見方をする人もいると実感するのかと、こちらもショックを受ける。

普通の人々がイベントに参加している実感をどう持ちながら入っていけるか、それぞれのよさこい系イベントの主催者やチームの側でいろんな工夫や情報発信が必要だろう。

今のままでは、地域の活性化を目指して立ち上げたイベントなのに、そこで踊りを披露する側でがんばっているのが、ともすれば地域の外から応援に来た人ばかりという妙な事態が起きているのではないかと思う。

通りがかりの人たちから見たら、ただ仲間うちで大声をあげて盛り上がっているだけで公共の場を使っていることの配慮に欠けるように見え、下手をすると成人式の際に逸脱行動を取る若者のように受け取られるならば、とても残念だ。

もちろん、地域の内外から交流が生まれて経済は活性化するものだし、それぞれのチームが地域に貢献したいと応援参加している心意気を否定するものではない。よさこい系イベントの主催者やチームが地域の活性化に役立ちたいという気持ちは尊いものだ。

一方で、それぞれのよさこい系イベントを実施する地域ごとに、どう自分たち地域の活力をよさこい系イベントを通じて引き出すのか、自分たちの地域に対する当事者意識をどう向上できるのか、という視点をイベントの開催にあたって持つことが大事だろう。

そのためには、マンネリ化しないために刺激を与えていくこともそうだが、地域のなかで多様な主体がさまざまなチームをつくっていく、学校教育とつながって人づくりに貢献する、といったことに、それぞれのよさこい系イベントの主催者やチームなどの指導者が意識することを求めたい。

踊りが得意な人もそうでない人も、若い人も年配の方も、中心部で働く人も郊外で暮らす人も、何らかのワクワク感と参加意識を持って、地域の祭りに当事者として役割を担うことができるようにしたいものだ。

Chapter

3

未来に向かうよさこい

Yosakoi story

よさこいの魅力を考える、伝える

よさこいの魅力で移住する人たち

イベントによる地域の活性化を語るとき、日本全体が人口減少時代に入ったなかで人をどう呼び込むかという議論は欠かせない。

よさこい方式の祭り・イベントが全国に普及するにつれて、高知のよさこい祭りに参加をする県外からのチームが増えているのはすでに述べたとおりだが、近年はそうして高知に縁ができてよさこいでつながった人のなかで、よさこい祭り発祥の地、高知で暮らすことを選ぶ人たちが登場している。

各地でよさこい系イベントが開かれているからこそ、夏の4日間、町全体でよさこいを踊っている趣のある高知に惹かれるのだという。

「東京ドーム何個分とか、武道館いくつといった比喩をはるかに超え、まち全体が舞台になるのは高知しかない」

「よさこいチームで踊ることとは、好きなアーティストのメンバー入りした気分」

と、よさこい移住をした方は語る。

音楽好きがウィーンに留学し、ミュージカル俳優になりたい若者がニューヨークを目指すように、よさこい好きな人たちが高知で暮らすことを選んでいるということだ。

高知県内大学のよさこいサークルが卒業するサークルメンバーにアンケートをしたところ、大学生の県内定着率はよさこいサークルに入って活動をした学生のほうが、一般の学生よりも高知で卒業後も暮らすことを選ぶ率が倍以上に高い。よさこいに熱心に取り組み、高知の魅力を理解して若い仲間ができることで、よさこい発祥の地、高知での生活を選ぶ傾向がある。

高知県以外の出身の学生がよさこいサークルで仲間と長い間にわたって活動することによって、一般の学生よりも多く高知に定着する結果が出ている。

よさこい移住プロジェクトが動いている高知市役所の移住・定住促進室のホームページを見ると、よさこいの魅力にひかれて高知で暮らすことを選んだ「よさこい移住人」のインタビューが10名紹介されている。高知市役所では、よさこい祭りの期間中にも、よさこい移住に関する相談会を開く。

また、高知市役所踊り子隊では、移住を希望する人や移住者に対して参加枠を設け、よさこい移住者を応援する姿勢を示した。

移住にまつわる不安や心配事の相談をうけ、アドバイスをしていく先輩移住者たちで「よさこい移住応援隊」を結成して、移住のサポートをしている。

よさこいを好きになって、発祥の地高知で暮らしたくて移住を決める人たちがいるものの、仕事をどうするのかという悩みもあるので、高知の求人メディア「ＢＵＮＴＡＮ」では、「副業歓迎」「未経験ＯＫ」といったキーワードで仕事探しをするだけでなく、「よさこい休暇歓迎」「よさこい好き歓迎」をキーワードにできることを求人メディアとしての特徴にしている。

自分自身が高知でヒアリングをするなかでも、

「兵庫県出身で高知大学生のときによさこいチームを立ち上げた。就職先は高知で決め、その会社でもよさこいチームを新しくつくった」

「山口県出身で、就職は高知にするか地元に帰るか迷ったが、よさこいの魅力があって高知で働くことを決めた」

「銀行の行員でよさこいチームを出しているが、若い踊り子に聞くと高知県外出身でよさこいが好きで高知に就職を希望し、結果的に高知の銀行で働くようになったと分かった」

といった声を聴く。

三重県の安濃津よさこいでチームを出していた三重電子計算センターの社員のなかにも、北海道のＹＯＳＡＫＯＩソーラン学生実行委員会出身の社員がいて、

「よさこいをきっかけに会社を知りました。三重県に縁はなかったのですが、よさこいへの思いの深さに共感して就職しました。安濃津よさこいのときには裏方として毎年手伝っています」

と教えてくれる。

交流する祭り・イベントとして全国に広がっているよさこいによって、住むところを選択する人たちも出ている。

よさこいのある町、高知

よさこい移住で高知に暮らす人たちと話をしていると、よさこいの切り口で見たときの高知の魅力を再発見する。

例えば、愛宕や万々《まま》の競演場で祭り本番によさこいを踊っているところでも、路線バスが通過するときに踊りをストップしてバスを優先して通行させている姿を見て、

「平成になってからよさこいを始めたところではできない、60回を超えるよさこい祭りの歴史のなかで町全体が譲り合いながら一つのお祭りをつくっている象徴だと思う」

と高知以外のよさこいを知る人々は語る。

まちづくりでいえば、商店街のアーケード整備をしてカラー舗装をした際にはよさこい祭りの地方車が通ることを前提に設計したはずだし、実際、東西を走る電車通りの国道で歩道を整備した際には、歩道を会場に使っていた上町競演場の意見を一定反映させて植栽のやり方を見直して踊るスペースを確保する内容になった。

よさこい祭りで踊るときに地方車を先頭にした隊列を妨げるような固定式のベンチ、モ

ニュメントや時計台を置いていないのが、高知のよさこい競演場、演舞場だ。

愛宕競演場を南北に通る道路が舗装工事をした際、暑さを和らげる舗装をしたこともあった。

また、高知は市街地に小さな公園が整備されているのを、例えば三重県の安濃津よさこい会場そばの津市の市街地にある公園と比べて感じるのだが、よさこい祭りのチーム待機場所としての公園整備での配慮があったと考えると説明がつく気がする。

企業別の電話帳で高知のよさこいで始まる事業所を調べると高知県内で20件近くがヒットする。居酒屋、無料案内所もあれば、エルピーガス、整体、労務事務所、不動産、行政書士、建築物清掃、産直市、旅行代理店、駐車場、食品加工、ケーブルテレビと、さまざまな業種がある。

高知では幕末維新の英雄、坂本龍馬ゆかりの名前で高知龍馬空港をはじめ、専門学校やコンサルタント、警備、理容業、郵便局、居酒屋、太鼓道場と電話帳にはあるが、それに匹敵する多彩さだ。

札幌でＹＯＳＡＫＯＩソーラン祭りが始まる前年の平成３年（１９９１）に発行された高知市の電話帳を見ると、よさこいで始まる事業所は居酒屋とタクシー会社しかなくて、よさこいの名称としての価値は、全国によさこいが飛び火することで高まったと想像できる。

ご当地ナンバーでは、自動車はカツオとはりまや橋に高知では譲っているが、50ccの原付バイクでは「はりまや橋」と「鳴子一組」が並べられた高知市のご当地ナンバーがあって、

「桂浜」と「坂本龍馬」を描いたナンバープレートと2種類のうち一つをよさこいで占めて、高知市内の道路を走っている。

このほか、よさこいが名称につくものを50音順に列挙してみると、

よさこい温泉…高知県東部の芸西村にある土佐ロイヤルホテル内にある温泉

よさこい観光大使…令和元年（２０１９）にミス高知から変わった新しい名称。高知のイメージアップのために活動をする。老若男女に応募資格がある

よさこいぐるりんバス…高知市内を循環するコミュニティバス。２０１１年9月で運行停止

よさこい号…高知と大阪を結ぶ高速バス

よさこい咲都《さいと》…高知駅北部のエリア名称。国の庁舎名や銀行の支店名で活用する

よさこい親善大使…高知市がよさこいＰＲにと認定。都はるみ、ソニン、三山ひろしが就任

よさこい膳…高知市の老舗旅館、城西館でのランチメニュー。展望露天風呂にも入れて5千円（税別）

よさこいタウン…高知市の中心商店街の名称。よさこい祭りの舞台となる

よさこいネット…高知県の観光情報サイトの名称

よさこい祭りの日…平成30年（２０１８）に8月10日をよさこい祭りの日と宣言した

よさこいビジネスプラザ…起業家、ＳＯＨＯワーカーらが集まる業務支援施設

よさこいふるさと市場…高知市南久保にある、農家がつくり農家が経営する産直市といったものがある。

こちらも、よさこいが全国に普及してから名称がついたものばかりだ。

よさこい聖地ツアーのすすめ

こうして、よさこいをめぐって60年以上の歴史を重ねてきた高知では、いろんな仕掛けが各地にあることが分かってきた。

ここでは、よさこい聖地ツアーとして高知をめぐることを企画提案してみたい。

従来、よさこい祭りを観光的な視点で見たときの資源は、8月9日から12日のよさこい祭りだった。

高知のよさこい祭りをみて、その足で徳島の阿波踊りを楽しみ、ついでに愛媛の道後温泉に行きませんか、香川の琴平も良いですよ、というのが、旅行会社で企画する王道のツアーコースだ。

なかには、大型客船で四国を祭りツアーでめぐる旅というものもある。

よさこい祭りを見たことがない、祭りめぐりが好きだという方には、ぜひおいでいただきたい。

ただ一方で、よさこい祭り本番の数日間は飛行機代金が年間で一番高い時期で、また、高知で宿泊施設がほぼ満員のため受け入れ能力に余力がなく、これ以上の観光客がよさこい時期に来ていただいても十分な対応ができるか不安がある。

中心市街地にはコインパーキングがたくさんあるが、よさこい祭り開催の期間中が一番高い料金設定だ。

そこで、筆者からは交流する祭りであるよさこい系イベントで、よさこい鳴子踊りの魅力に目覚めた方々を対象にした、「よさこい聖地ツアー」を提案したい。8月のよさこい祭りの本番を外した時期に、よさこいに覚醒した人たちなら行きたくなる、よさこい発祥の地高知をめぐる。目的地としては、高知市内を徒歩で歩ける範囲でいえば、東から順番に、高知よさこい情報交流館→はりまや橋→帯屋町・追手筋→よさこい稲荷、といったところだ。

よさこい情報交流館ではよさこいの発祥から進化の歴史、全国への広がりから現在の姿を一気に知ることができる。オリジナルの鳴子をつくって、衣装を着ることもできる。

よさこい情報交流館でないと見ることができない映像資料も豊富だ。館長がいれば、話をじっくりうかがうこともできるだろう。

よさこい情報交流館に近い、はりまや橋観光バスターミナルの電車通り沿いには、「よさこい鳴子踊り」と銘に入った、鳴子を手に持つ3体の像があるので、そちらを訪ねてみるのもいい。

はりまや橋交差点には1時間おきに、よさこい節のメロディーが流れるからくり時計がある。8分間のなかで、鳴子を持ってよさこいを踊る5体の人形も登場するので、定時になるとぜひ顔をあげて眺めてほしい。

地上に復元されたはりまや橋のそばには、よさこい節の碑がある。

そして、帯屋町に続く商店街のアーケードを進み、地方車が悠々と入る大きな商店街を堪能し、有名チーム「ほにや」のショップを訪ねてよさこい気分を満喫し、追手筋も立ち寄って、高知大神宮内にあるよさこい稲荷でお参りしたい。

よさこい稲荷神社は、平成11年（1999）によさこい祭り全国大会が開催されるのにあたって、よさこい祭りの誕生と出発地点にある帯屋町稲荷神社を改称したもので、全国によさこいが広がったからこその神社として親しむことができる。

よさこい稲荷神社としてのご朱印、守護札、お守りもあって、ご神宝として長さ120センチ、幅50センチの大きな鳴子が一対奉られている。

さらに、よさこいのことを学びたいということであれば、商店街に隣接した西日本有数の規模を誇るオーテピア図書館に立ち寄って、独自に収集しているよさこい資料を眺め、映像を楽しむこともできる。

追手筋の4車線ある通り（市道）のうち、オーテピアやひろめ市場に近い南側の2車線部分を歩行者天国のような広場にして、よさこいの聖地化を進めたいとする高知市の案もあるのだが、まだ具体的な実現のめどは立っていない。

ステージ形式のメイン競演場である中央公園には、作詞作曲・武政英策として「よっちょ

れよ　よっちょれよ」で始まるよさこい鳴子踊りの歌碑（高さ1.5メートル）が、高知北ライオンズクラブの寄贈で置かれている。

ちょっと、商店街のよさこい聖地めぐりのルートから外れるが、平日昼間のことならばよさこい祭り振興会がある高知商工会議所ではよさこい祭りカレンダー（8月のよさこい祭り始まりなのがユニークなカレンダー）やポスター、よさこい全国大会を実施する高知市観光協会に行くと全国大会のポスターを持ち帰れるときもある。

高知で踊ったことがある方ならば、高知市内各地にある競演場・演舞場を歩くのも良い。それぞれの会場をお世話している方が経営している店舗に入れば、店主とよさこい談義に花が咲くこともあるかもしれない。

また、高知市内から車で30分以上かかるが、鳴子のオリジナル製作で実績のある「やまも工房」（香美市）が、今までに手がけた鳴子をずらり蔵のなかで数段にわたって所狭しと展示している「鳴子ぎゃらりー」は圧巻だ。有名無名のよさこいチームのもの、結婚式用につくった鳴子などを見ることができる。

全国で増えた大学生のよさこいチームの卒業旅行や、各地のよさこいを楽しむみなさんの親睦旅行として、こうしたよさこい聖地ツアーを提案したい。

高知を歩くと、あちこちに鳴子のオブジェや標識を目にするので、それらを回っていくのもいいだろう。

よさこい鳴子踊りのよさこい祭り以外での開催を調べると、商店街のアーケードや高知駅前の観光施設でよさこいを披露しているときがある。11月の龍馬生誕祭、3月の土佐のおきゃくの時期に開催する、まとまったよさこいチームが踊りを披露するよさこい演舞もあるので、それに合わせてツアーを組むのもいい。

8月のよさこい祭り本番ほどではないにしろ、各チームともに練習をそろえて衣装を合わせ、化粧や髪型を整えて、本場のよさこいを見せてくれる。

3月と11月に開催する春と秋のよさこいイベントについては、出場している高知の有名チームに加え、高知県外のチームに広く出演を呼びかけて受け入れる工夫をすれば、よさこい発祥の地、高知で踊る魅力を感じて参加チームが増え、宿泊につながるような効果があるのではないかとも思うが、どうだろう。

平成31年（２０１９）４月からは、高知市の観光ガイドのみなさんと歩く「よさこい満喫コース」ができた。高知駅前の出発・集合でよさこい演舞を鑑賞し、はりまや橋経由で、高知よさこい情報交流館を見学するものだ。

商店街や高知駅前にあるこうち旅広場などで、複数のチームがよさこい演舞をする催しが日曜日に開かれている。徒歩で1時間程度の所要時間のツアーに対して大人５００円の料金なので、気軽に参加できそうだ。

バーチャルツアーを考える

よさこい聖地ツアーで将来、高知に来ていただくようなみなさんに、追手筋や帯屋町といったよさこい祭りを代表する会場で、踊り子気分になって参加している感覚になれる仕掛けができればと期待している。

例えば、高知の商店街をよさこい聖地ツアーで歩くときに、よさこい当日に見る光景はこうですよとスマホから見ることが可能なサービスがあれば、街のなかにある小さな公園でもよさこい祭りの本番ではよさこいチームの踊り子が思い思いに休憩をしたり、踊りのおさらいの練習をしている様子を知ることができる。

同様に、帯屋町商店街を西から東に歩く際には、商店の入り口のところに観客の人々が座って、よさこいの踊り子に対してうちわを振って涼を送っている姿を、スマホの画面から見ることもできるだろう。

電車通りの国道によさこいチームの地方車がずらっと列をつくって出場の順番を競演場で待っている姿も、よさこい当日だけ見ることができるが、そういった疑似体験もいい。

技術の進歩でどこまでできるかだが、強烈なライトを浴びながら大音量で仲間と一緒に踊る感覚が、8月の高知の蒸し暑い夜や周辺のざわつき、うちわをあおがれて応援してもらっている様子まで再現して体験できるとするならば、相当な人気になるだろう。

サイバーサイクリングとして、自転車で走る風景や傾斜を再現して走る体験ができるように、本場でのよさこいを踊り子になったつもりで再現して体験できることができれば、年間を通じての来客が見込めるのではないだろうか。

よさこいチームの先頭を走る地方車の上にのぼって、踊り子をあおっていく経験も、疑似体験できれば、よさこいの魅力に対してさらに病みつきになるかもしれない。

全国各地によさこい系イベントが広がっているので、札幌の大通りパレード、西8丁目のファイナルステージ会場、原宿の表参道のパレード、明治神宮のステージなどで踊る様子も経験できるようなときも来るだろう。

これだけ、よさこい鳴子踊りに親しむ人々

追手筋を踊る喜びを観光客にも味わってほしい

が全国にいるので、よさこい祭り以外の時期に、よさこい当日の高知を再現することはとても価値が高い実践のように思う。

踊り練習・チーム準備の風情を感じる

6月から7月になると、高知市内各地で夜によさこい練習にチームで励む人々の姿を見ることができる。踊りの完成度はまだまだだが、それぞれにインストラクターの指導のもと、鳴子を打ち鳴らしながら練習する様子は、この時期ならではの風情がある。

ここ数年は高知ではチーム募集の時期が早くなっていて、5月中旬から下旬にかけて練習が始まることが多くなった。少なくなった若い踊り子を獲得したいと、SNSなどを通じた募集が早くなっているようだ。

以前だと、チームの音楽や振り付けが決まっても秘密主義で外部に漏らさないように気を使っていたのだが、よさこいチームの参加者を一人でも多く集めたいとの思いで、SNSでチームオリジナルの工夫をした映像を公開するチームも出ている。

蒸し暑い梅雨の時期を乗り越えて、雲が高くさらに暑くなる季節を迎えると、8月のよさこい祭り本番まで間もない雰囲気が、高知市内のあちこちで感じられてくる。

職場から自宅に自転車で帰る夕方には、これからよさこいの練習に行くような髪を束ね、ジャージ姿で移動する女性を見かける。

小学校のそばを通過するときは、体育館の中から鳴子の音色がしゃんしゃんしゃんしゃんと聞こえてくる。

町の美容院では「よさこいメイク　予約受付中」といった広告が店の玄関に貼っているのも、よく見かける。職場や学校では普通の会話で、
○今年はどこのチームで踊るのがいいか
○衣装はどこが素敵だ
○◯◯というチームは一般参加者には冷たかった
○このチームの参加費は安いと思う
○踊りたいけど、練習会場がもっと近かったらなあ
といった話題が出る。

学校の同級生や職場の同僚で誘い合わせて同じよさこいチームで踊ることも、よくあることだ。

高知県や高知市の公共スペースは、よさこい練習の時期が近づくと、練習開始に合わせた施設利用抽選お知らせが県市の広報物の記事になるのが高知だ。公園、体育館、グラウンド、大会議室、ホール、駐車場、多目的室といった場所が、よさこい練習場所として貸し出しを行う施設として自治体のホームページで掲載になる。

中央公園、城西公園、藤並公園、丸ノ内緑地といった公園のよさこい練習使用を認める高

知市役所では、公園1回の使用につき最高3時間を上限に、1団体で6回まで貸している。毎年6月上旬に抽選で決めるという念の入れ方だ。

7月後半には公園ごと、アーケードのいくつかの箇所で、また、あちこちの体育館で練習を繰り広げているチームが増えてくる。中心商店街のアーケードを歩いていると、スピーカーから音を出して練習をしている姿、汗をタオルでふいて休憩している姿、インストラクターが激を飛ばしている姿を見ることができる。

高知のショッピングセンターにある、よさこい踊り子募集のチーム掲示板には、踊り子が集まったチームから「満員御礼」の札が目立つようになる。

高知県外から踊りの練習に来ているみなさんは、片道2時間以上のところを毎日のように車で往復する日々だ。

踊りの練習が終わると、汗をかいた衣服を着たままに帰路を急ぐという。

先によさこいチームの踊りを覚えた人たちが、途中からチームに入ったグループに踊りを教える場面や、よさこい祭り直前になると踊りの仕上げに向かってテンションが高くなる場面を、練習風景のなかにかいま見ることができる。

地方車の組み立てがあちこちで始まって、まとまった場所で慣れた手つきで組み立てる職人のみなさんの姿や、大学のキャンパスでよさこい学生チームのOBが集まって地方車を後輩と完成させる姿が見えるころになると、もうよさこい祭りはまもなくになる。

寄付集め、クラウドファンディングの取り組み

高知のよさこい祭りと寄付のあり方でいえば、よさこい祭り振興会、それぞれの競演場やチームが、

「今年もよさこいを開きます。騒がしくはなりますが、ぜひ応援をしてください」

との挨拶を兼ねて、それぞれが祭りの季節が近づくと寄付集めに動いている。

YOSAKOIソーラン祭りでも、全体の組織委員会と学生実行委員会は協賛企業一覧をガイドブックに掲載して感謝の気持ちを示すとともに、それぞれの会場やチームでは資金獲得のためにいろんな工夫をしている。

企業からお金を出す場合、寄付金として出すよりも広告費として出す方が経費処理をしやすいこともあって、高知のよさこい祭りの地方車は協賛してくれた企業や団体、個人の名前を書いたコーナーを外部から見えるように設けて、スポンサーに感謝の気持ちを表している。YOSAKOIソーラン祭りの学生実行委員会では、代々のOBたちからそれぞれの同期生によって寄付が集まるのも特徴的だ。

高知県庁ではよさこい鳴子踊りを通じた国際協力として、鳴子を寄付してもらえませんかという呼びかけもしている。

高知市では、イオン株式会社と連携をして「よさこいWAONカード」を利用すると金額

の一部は高知市に寄付があって、よさこい祭りの発展と観光振興に活用するという。

また、最近はインターネット上でクラウドファンディングと呼ばれるサービスを活用して、資金集めをするグループが、よさこいの世界でも出てきた。
○お祭りを盛り上げよう!
○チームを支えよう!
○誰かの夢を叶えよう!
と、よさこいでのクラウドファンディングを一覧にするホームページがある。

クラウドファンディング一覧を見ると、よさこい祭りを撮影した写真家の出版を支援する、高知の有名チームの存続を支える、東日本大震災の被災地支援よさこい系イベントを応援する、水害にあったえひめYOSAKOIを復活させる、海外チームのよさこい参加を促す、といった寄付のお願いが並ぶ。

「世界中の踊り子と本場高知のよさこい祭りへ参加したい!」とする目標金額150万円のクラウドファンディングでは、寄付する金額によって、お礼状、オリジナルDVD、サイン入りカード、高知や世界中の土産、よさこい衣装一式などを返礼として送るほか、「チーム懇親会へ招待」、「隊列の後ろからの演舞参加」、「地方車に乗って最高の眺めを体験」といった経験ができるとし、さらに企業に対しては、これも金額によってうちわやホームページ、地方車、チームTシャツ、さらにチーム名に企業の名前を入れるというアピールをしている。

その呼びかけの結果、最高で10万円の支援が２件あって、寄付の支援総額は96人から１６２万円集まって、目標はクリアして成功したとネット上で報告されている。

よさこいＧＣＦ（ガバメント　クラウド　ファンディング）として結果を出したのは、平成30年（２０１８）８月によさこい祭りに参加した高知県香南市の「香南市こどもよさこい連合会」だ。

地元の高知新聞やケーブルテレビといったメディアを活用して、目標金額５００万円を目指し、ふるさと納税制度を活用した資金集めをした。

香南市内の４年生から６年生が７小学校から99人参加するこどもよさこい連合会チームは、町村合併で結成してから10年目にあたって、衣装や鳴子、振り付けや楽曲を新しくしようと、５千円から10万円までの５コースで募集をした。こまめにホームページで情報発信をし、子どもたちの練習や地方車製作の様子を伝えた。

大学生のよさこい

増える大学生のよさこいチーム

よさこいの全国への普及が一定の落ち着きを見せてきた時期に顕著になってきたことに、大学生チームの増加が挙げられる。

名古屋のにっぽんど真ん中祭りでは、「全国学生No.1決定戦！　キャンパスバトル」として、参加する学生チームを対象に、会場の観客からの拍手の音量で競う審査方式を取り入れ、学生チームNo.1を決めるようなイベントを開いている。

チーム名に学校名がある大学を、にっぽんど真ん中祭り参加チームから並べてみると29大学あって、愛知江南短大、愛知淑徳大、北星学園大（北海道）、大阪教育大、大阪芸術大、大阪市立大、大阪大、金沢大、関西大、岐阜聖徳学園大、岐阜大、近畿大、滋賀大、至学館大、四天王大、信州大、中京大、東京農大、東西大（韓国釜山）、同志社大、長崎県立大、長野県看護大、名古屋大、日本福祉大、佛教大、北海道大、宮城学院女子大、龍谷大、和歌山大とある。

また、高知大学や高知女子大学出身者からの聞き取りによると、平成8年（1996）に旅鯨人の前身である高知学生チームが結成されてから、大学内で日常的によさこいを練習する光景が見られるようになったという。旅鯨人から派生した形のチームも複数誕生して、旅鯨人が登場するまでの高知大学では3チームだった高知大学生の関係するチーム数が、平成30年（2018）8月のよさこい祭り参加では8チームに増え、日本で最もよさこいチーム数の多い大学となっている。

よさこい祭りが近づくと高知大学のキャンパスのなかは、昼も夜も踊りの練習をする学生や地方車の組み立てをOBである社会人も協力して進めている場面に出くわす。

そして、大学生のチームが増えたことによって、YOSAKOIソーラン祭りやよさこい祭りに参加する以外にも、学生チームだけで集まるよさこいイベントが、「3days」や「本州交流会」といった名称で開催される

大学生が祭りの中心（京都・龍馬よさこい）

動きも出ている。

「特例を除き参加者は学生に限る」とした京都・龍馬よさこい18（平成19年（２００８）に始まる）では、チーム名に大学名のある大学をあげてみると、福井大、佛教大、同志社大、四天王寺大、大阪教育大、京都文教大、滋賀大、和歌山大、龍谷大、早稲田大、近畿大、大阪芸術大、香川大、皇學館大、高知工科大、神戸大、大阪大、関西大、桃山学院大、大阪市立大と20大学の名前が出る。

ＹＯＳＡＫＯＩソーラン祭りの場合、大学名が入るチームは平成30年（２０１８）開催で35大学ある。

平成31年（２０１９）の開催で13回目。熊本地震復興応援イベントの九州がっ祭と同時に開く、平成31年（２０１９）開催の火の国ＹＯＳＡＫＯＩ祭りでは、大学生のＹＯＳＡＫＯＩサークルと熊本県の地域で活動するチームが運営していて、65祭りから１１９団体が参加した。プログラムを見ると、27の学生団体が参加する青春合戦があって、学生の存在感の高さを示している。

火の国ＹＯＳＡＫＯＩ祭りで大学名をチーム名に挙げている大学を並べると、北海道大、北海道科学大、大阪教育大、島根県立大、山口大、山口県立大、宇部フロンティア大、梅光学院大、下関市立大、北九州市立大、佐賀大、長崎大、長崎県立大、長崎国際大、平成音楽大、九州看護福祉大、崇城大、熊本県立大、大分大、ＡＰＵ、鹿児島大、鹿児島国際大、鹿児島志学館大と23大学が登場している。

おそらく、全国でいえば大学名が入るチームは100を超えて200チームぐらい、大学名が入らないチームを含めた学生チームでいえば200から300チームはあるのではないかと推定している。平成30年（2018）には日本にある大学の総数が782大学ということを考えると、相当に多い数といえるだろう。

一つのチームに平均70人の学生がいるとして、1万5千人から2万人の学生が毎年よさこいを踊っている計算だ。

阿波踊りの本場の徳島県は、エイサーの盛んな沖縄県とならんでよさこい系イベントが確認されていない県だが、徳島県内にある四国大学や徳島文理大学にはよさこい鳴子踊りをする学生サークルがあって、学園祭やイベントで出演をしている。

大学生のよさこいチームが増えた背景

YOSAKOIソーラン祭りが始まる前のよさこい祭りでは、高知県出身の学生が母校の大学名で踊るチームはあったが、いまはどこの出身の学生ということもなく、全国の大学で学生のよさこいサークルがある。

地域住民を中心としたチームや職場の仲間や友人で誘い合ってできたチームでは、年を重ねるごとに年齢があがっていき、結婚や出産、転勤、親の介護といった事情で踊れなくなるメンバーが増えていく傾向にあるが、学生のチームはよさこいに参加する魅力が若い人に対してあるならば、常に20歳前後の若者が新しく入ってくるため、学生チームは規模を縮小することなく継続できるようだ。

踊りの技術レベルが高くなるなかで練習時間が比較的に取りやすく、遠征にも費用さえ負担できるならば遠くまで行ける大学生チームの存在が目立つようになっている。

なぜ、大学生のよさこいチームが増えたのか。

全国によさこい系イベントが増えた理由については、1990年代後半にYOSAKOIソーラン祭りの成功をうけて、バブル経済崩壊後の不景気のなかで地域の活性化をはかれるイベントとして期待があって、自治体からの財政的支援もあてにせずスタートできるところが魅力的だったとは述べた。

それに対して大学生のチームが増えた背景を明確に説明することは、当事者に近いところにいなかった筆者には難しいが、平成17年（2005）前後から大学生チームが関西地方で増えていったとの実感を持つ女性は、

「テレビドラマシリーズの『3年B組金八先生』で、北海道の南中ソーランを踊る様子が放送されたことに刺激を受けた」「学生のよさこいチームどうしの交流が活発になって、よさこいサークルが活性化した」「女性アイドルグループ『モーニング娘。』の影響で若い女性がダンスをするのに前向きになった」と、その背景を推察する。

確かに、『3年B組金八先生』では、平成11年（1999）に「踊る！　大文化祭」、平成13年（2001）に「踊れ！　ソーラン節」、平成16年（2004）には「踊れ　魂のソーラン節」というテーマで放送があって、それぞれに視聴率で10％を超えている。

筆者の仮説としては、よさこい系イベントが全国的に数を増やすなか、それぞれの地域で大学生のよさこいサークルが徐々にでき、それが学生のなかで途切れることなく続いて拡大傾向にあるというものだが、より詳しく実態を調べる機会がほしいとも考えている。

案外、大型ショッピングセンターができたら、それに合わせたショップが誕生したように、全国的に交流する祭りとしてよさこい系イベントという器が増えるなかで、そういった踊りを披露して地域の方々に喜ばれる場がいくつもあることに魅力を感じて、また、よさこい系イベントの主催者に声をかけられ、大学生のよさこいチームが増えているようにも思う。

裏方で活躍する学生実行委員会

YOSAKOIソーラン祭りやにっぽんど真ん中祭りの誕生を導いた大学生たちの学生実行委員会が果たす役割も学生チーム同様に大きな存在感がある。

裏方に徹する学生たちは、学生実行委員会を組織して活動を続けている。

学生実行委員会に集まる学生たちを見ていると、踊りが好きというよりは裏方で活躍する先輩にあこがれてや、高校までの間に生徒会や体育祭実行委員会で活動をしていた流れを受けて参加している印象だ。

ＹＯＳＡＫＯＩソーラン祭りでは、ＹＯＳＡＫＯＩソーラン祭り組織委員会で祭りを運営しているが、大通公園内の西８丁目公園のステージや南北大通りのパレード、参加が簡単なワオドリスクエアは、学生が企画から当日の進行にいたるまで活躍している。

学生実行委員会の代表である学生は、ＹＯＳＡＫＯＩソーラン祭り組織委員会の理事という立場で発言の場もある。

ＹＯＳＡＫＯＩソーラン祭り学生実行委員会は、西８丁目班、ワオドリ班、パレード班、総務班、審査班に分かれる。企業団体や個人に資金協力をお願いする協賛は全員の担当だ。協賛では２人１組で２００社は回るという。

ふだんは札幌市内にある小学校跡地の建物（市民活動プラザ星園）を拠点に活動をしている。ＹＯＳＡＫＯＩソーラン祭りの当日には、大通公園西８丁目ステージそばに専用のプレハブが学生実行委員会の拠点としてできる。

にっぽんど真ん中祭りでは、名古屋周辺の大学にある学園祭実行委員会のメンバーに声をかけて、学生たちが８月のにっぽんど真ん中祭りに合わせて集まると聞く。

札幌、名古屋、三重の学生たちは、お互いの祭りがあるときには、それぞれ応援にかけつけるのを恒例にしている。

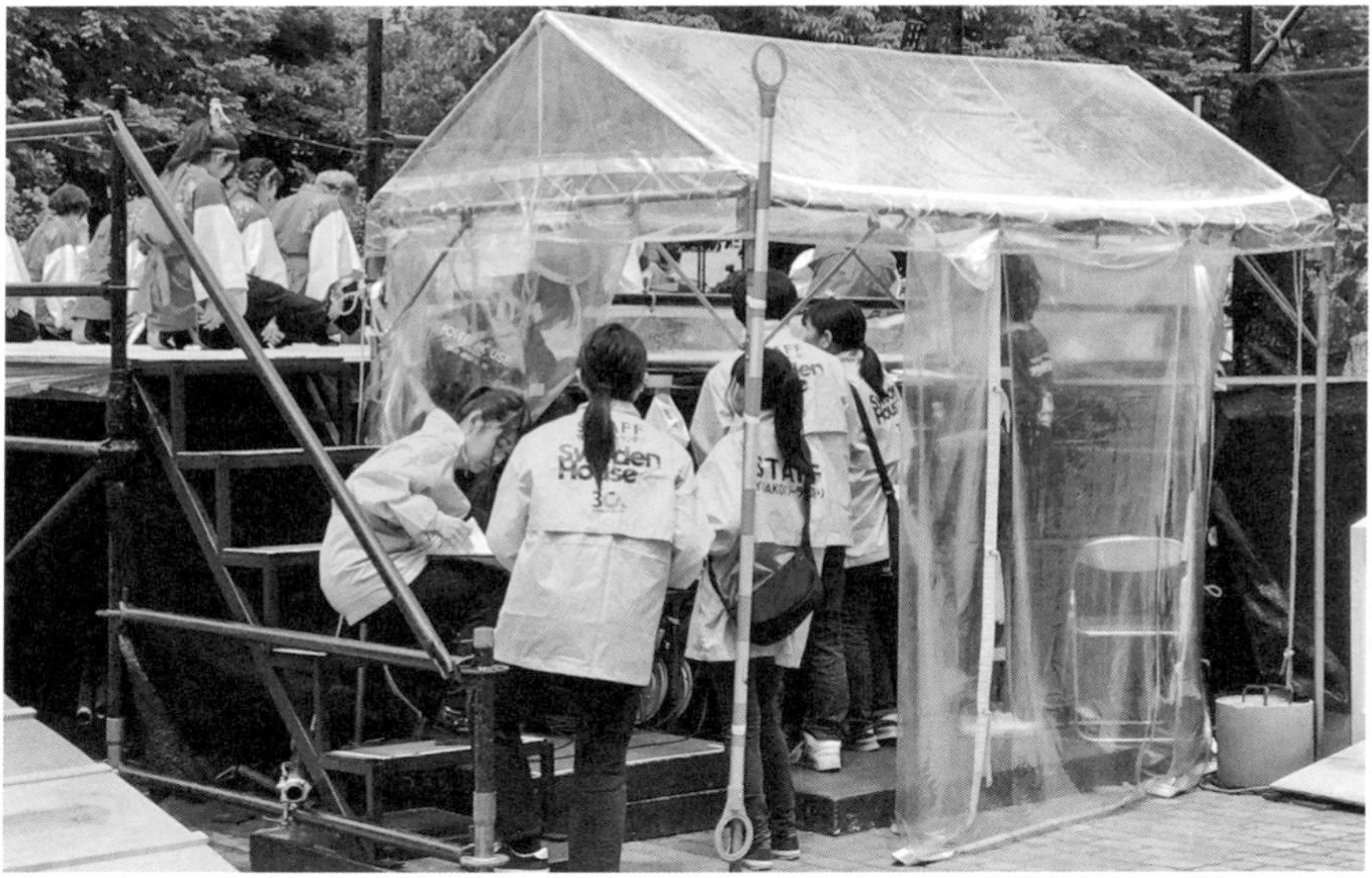

西８丁目会場の学生スタッフ（札幌・ＹＯＳＡＫＯＩソーラン祭り）

ボランティアセンターのスタッフ学生（にっぽんど真ん中祭り）

よさこい以外にも、大通公園で開催の雪まつりなどのイベントでボランティアをすることもあるそうだ。

学生たちに聞くと、「よさこいを踊りたいという学生」と「裏方で支える側に回りたいとする学生」はそれぞれにいて、もちろん、学生実行委員会のメンバーで遠征チームの踊りに加わることもあれば、踊りに参加した学生で裏方をする場面もあるが、基本的には役割を分担して祭りに参加している感じだ。

ＹＯＳＡＫＯＩソーラン祭りの当日は、「市民ボランティア＋参加チームボランティア＋実行委員以外の学生ボランティア」が、警備、会場の整理、運営の補助で手伝う。すべての作業を３００シフトに分けて分担している。

演舞チームで集まるＹＯＳＡＫＯＩソーラン祭り学生支部は、30チームほどが加入をしていて、「みちのくＹＯＳＡＫＯＩへの遠征、学生交流イベント３ｄａｙｓ開催、本祭オープニング学生ソーラン」という３つの大きな活動の場がある。

３ｄａｙｓとは、毎年数百人規模で開く、全国の学生の鳴子踊りチームと祭りの学生実行委員会が北海道で集まるイベントだ。それぞれの地域（北海道、東北、名古屋、大阪、岡山といったところ）の踊りを披露して覚え合ったり、雪を使った遊び（運動会）をするような交流をしている。

高知での大学生はよさこいチームとして参加している学生は多いものの、支える側としては従来、アルバイトで手伝う学生グループはいても、経済界の発案で始まったよさこい祭りの経緯もあって、なかなか裏方で活躍することは少なかった。

学生同士の交流でも、愛知や大阪、京都まで出ているとは聞くが、それ以上は足がなかなか向かない感じだ。

中央公園や追手筋といった規模の大きな会場やどこいこサービスの運営でアルバイトとして入るといった学生の役割だった。

平成23年（２０１１）11月には県内の学生らが企画運営する「全国よさこい学生大会」が高知市の桂浜と高知駅前で9チームの参加を得て開かれ、翌年も１２０名が踊って継続して審査も行われたとの記録はあるが、それ以降の開催はできなかったようだ。

そもそも、高知の大学生の絶対数が少ないことや地理的なハンディもあるが、最近は競演場や演舞場の厳しさが徐々に伝わって、高知大学（土佐学生よさこい大会のメンバー）や高知工科大学（商品開発部のメンバー）らが裏方の手伝いをしている。また、高知県立大学では看護学部の学生らが集まって健援隊という学生団体をつくって、猛暑の時期に昼間から開催のよさこい祭りでの熱中症防止で役立つ活動をしている。

今後の高知では、大学生をはじめ、中学生や高校生も誘いながら、高知らしい学生実行委員会を編み出して、よさこい発祥の地としての存在感を出すよう期待したい。

高知大学の授業、よさこい概論

ここで、高知大学で筆者が担当教員として行っている授業「よさこい概論」について述べておきたい。

もともとは高知大学でCOC＋事業という「県内学生の県内定着を増やす」プロジェクト担当教員として平成28年（２０１６）４月に着任して仕事をするなか、「高知県の魅力を学生に分かりやすく伝えて、高知でないと味わえないよさこいの良さを学生に感じてもらうことで、学生の県内定着増にもつながる」として、平成30年（２０１８）４月から8月上旬までの期間で開講したものだ。

90分授業を15回やるテーマとしては、「よさこい祭りの誕生からの変容の歴史、全国への広がりとその背景を理解する。学生の果たす役割、産業や教育面での動きなど、体系的によさこいから学ぶ」とした。

まず、よさこい祭りの誕生と成長からＹＯＳＡＫＯＩソーラン祭りの登場、全国への広がりから高知のよさこい祭りの変容といったことを前半の5回の講義で学ぶ。

学生のレポートを読むと、

○札幌のＹＯＳＡＫＯＩソーラン祭りが先に始まったものだと思っていました

○高知と札幌以外で、こんなに広がっていることを知らなかった

○YOSAKOIソーラン祭りを学生がつくったことを初めて知って感動した
○高知でよさこい祭りがあることに誇りを感じました
○多彩な表現を可能にした、よさこい祭りの魅力を伝えたい
といったことを書いてくる。

そして、中盤の7回ではよさこい祭りを運営する側や高知よさこい情報交流館のこと、1990年代のよさこい祭りイノベーションやよさこい移住、学生チーム、よさこい産業、よさこいの海外展開のことをゲスト講師からの講義で学ぶ。

最後の3回の授業は、学生の役割について踊ること、支えることなどを学んで討論をした後、よさこいのなかで果たす学生のできることは何だろうか、また、教育の面でよさこいはどのように活かすことができるかと考える機会をつくっている。

高知県外から初めて高知に住むようになった1年生が多い授業なので、よさこいチームで踊るとしたらこんな募集があるよとか、高知の街の特徴についても述べる。

1学年の定員が1100人ほどの高知大学で木曜朝8時50分からの授業なのだが、最初の年は170人の受講生が登録し、次の年は210人を超える学生が受講する講義になった。

そして、受講生のなかから数は多くないものの、人手不足に悩む競演場を当日ボランティアする学生が登場し、令和元年（2019）のよさこい祭りでは土佐学生よさこい大会として高知城演舞場で8月9日に学生チームが競演する舞台を作ることになった。

よさこいチーム数が日本一多い、よさこい祭り発祥の地の高知大学ならではの授業だが、

よさこい系イベントが広がっている全国の大学でも集中講義で、あるいは市民講座のような形で、よさこいのことを多彩な角度から紹介できるのではないかと思っている。

講義の最初のころは「よさこいを見たこともない」といった高知県外出身の学生が3分の1ほどを占め、YOSAKOIソーラン祭りを大学生が作ったことなど知る機会もなかった学生が大半を占める授業だが、授業を進めるなかで、

○よさこいを踊ってみたくなった

○大学生のうちによさこいを支える側に回ってみたい

とレポートに書く学生が出てくるのはうれしい。

よさこい概論でグループワーク

教育でよさこいを活かす

チームとスタッフで活動する高校生

　そして、高校のなかでも、高知のよさこい祭りでは高知中央高校が毎年参加をしているが、平成30年（2018）にインターネット上で国内の高校でのよさこいを踊るサークルや部活の事例を調べてみたところ、北海道5、秋田1、福島2、石川2、福井1、栃木2、埼玉1、千葉1、東京4、神奈川1、岐阜1、愛知1、京都1、兵庫1、広島1、高知2、香川1、福岡2、長崎1の合計31校での取り組みがあることが分かった。

「よさこい部」「YOSAKOIソーラン部」と名乗りをあげてやっている高校もあれば、独自にチーム名をつけてよさこい系イベントに参加をしていたり、ダンス部がよさこい系イベントに合わせて鳴子を持って踊るケースなどもある。

　なかでも、岐阜県瑞浪市の中京高校では、安濃津よさこいやにっぽんど真ん中祭りに9回参加する中京高校保育class『love kids』があるほか、地元の瑞浪市で12月に開かれるバサラカーニバル（269チームが参加！　仮装での参加者が全国から集まる。1年のよさこいの締めくくりイベントとして定着）では、7つのチームに分かれて高校生たちが踊りを披露する。生徒千人以上で踊りを披露したこともある。

瑞浪市の中心部で7カ所ある踊り会場で受付、誘導、警備、音響、ごみ拾い、といったスタッフを高校生が担っていて商店街関係者と一緒になって協力をしている。祭りの始まる前の設営や終わった後の撤収まで高校生たちが手伝い、祭りの翌日は全校で振替休日にする徹底ぶりだ。

聞けば、瑞浪のよさこい系イベント創設を応援していた高嶋市長が、市長を退任後に中京高校の校長などを歴任するなかで、地域のため、そして生徒たちの教育のために高校の立場からよさこいに取り組んでいるということで、そういった地域活動に共感して中京高校を志願する子どもたちも出るようになってきた。

高校生が受付を手伝うバサラカーニバル

瑞浪市という人口3万7千人の自治体に、踊り子1万人が集まるという、日本一踊り子密度が高いよさこいイベントを支える中心に高校生がいることは非常に頼もしい。

また、北海道の稚内南中学校の「南中ソーラン」は、YOSAKOIソーラン祭り以前からあったものだが、校内暴力で荒れた学校が踊りのチームづくりをきっかけに立ち直るストーリーが映画「学び座　ソーランの歌が聞こえる」の上映を通じて広く知られることになったことや、YOSAKOIソーラン祭りそのものの知名度が高まったこともあって、平成9年（1997）の第6回YOSAKOIソーラン祭りに合わせて、教材用ソーランを作成する取り組みがなされ、全国ばかりか海外の日本人学校でも運動会・体育祭で披露されるようになる。

『YOSAKOIソーランの教え方・指導者用テキスト』（YOSAKOIソーラン祭り組織委員会・TOSS体育よさこいソーラン研究会編　明治図書）が、全国の教員が協力したなかで2006年には出版された。

北海道でいえば、YOSAKOIソーラン祭りが始まって3年後の平成7年（1995）から札幌から100キロ近く離れた岩内高校で、3年生がクラス別に分かれて「よさこい発表会」として毎年恒例のクラス対抗行事として演舞を行い、大賞を決める催しを20年以上にわたって継続している。

また、1990年代にYOSAKOIソーラン祭りの学生実行委員会委員長を務めた荒井優氏が、社長室などで勤務をしたソフトバンクグループを退職して校長に就任した私立札幌新陽高校では、「本気で挑戦する人の母校」をスローガンにして学校全体の改革を進めている。定員割れだった学校に生徒が集まるようになった高校として注目だ。

そんな改革の一つが、YOSAKOIソーラン祭りに1年生の生徒全員で参加をしたことだった。学校を挙げた取り組みで、札幌新陽愛～Love～、札幌新陽茜～DarkRed～、札幌新陽紅～BrightRed～、札幌新陽～本気で挑戦～といった複数のチームで参加をして、学校をアピールするとともに教育面での効果を上げた。

YOSAKOIソーランに参加することによって、沿道に来た保護者だけでなく大勢の観客のみなさんから拍手を受けて応援されることで、一生懸命に練習してきた生徒たちがより頑張りを見せ、「もっとやりたい。もっとやらせてくれ」と生徒たちが言ってきたという。

北海道では、「札幌創成高校よさこい同好会」のチームや、札幌にいる高校生有志で集まる「祭采」といったチームがあって、小学校の運動会で踊ることの増えたYOSAKOIソーランの踊りを高校生でも踊れる場づくりをしている。

高知県の高校では、ダンスブームが本格化する前から高知中央高校が毎年チームを出して、原宿スーパーよさこいの遠征にも行ってがんばっている。また、平成25年（2013）には高知県東部にある全校生徒58人の中芸高校で自分たちができる達成感あることを探して、新たによさこいチームを立ち上げて文化祭などで披露した。

令和元年（2019）のよさこい祭りでは、高知丸の内高校の生徒たちが学校の募集に応じて裏方のボランティアを3日間で60人以上出るような動き、山田高校の生徒たちが地域のよさこい祭りに根付く産業から学ぼうとする動きが出ているので、さらに伸びることを期待したい。

伸びしろの大きな中学生の取り組み

よさこい発祥の地である高知市では、中学生がよさこい祭りに参加できる機会が少ないとして高知市子どもよさこい支援事業を立ち上げ、郊外にある南海中学校で平成13年（2001）から平成22年（2010）まで10年間、「Minami風—南海中学校—」として、よさこいチームとして出場をした。

子どもよさこい支援事業とは、バス代や地方車のレンタル代、発電機や照明、振り付けや衣装代を公立中学校に助成するものだ。

その出場した結果をプロセスから振り返ると、多感な年ごろの生徒が一つにまとまる教育的効果が高く、問題行動を起こしたり、不登校傾向のあった生徒もよさこいの練習や祭りそのものには参加した、学校全体のレベルアップにつながったとされている。

南海中学校では学校のよさこい参加の取り組みへの評価が高く、よさこい祭りが終わったあとの2学期からは、それまでと違って校内の掲示物が破られることはなくなったと当時の校長先生が述べている。よさこいに参加して踊ることを通じて、中学生たちが成長することを実感していた。

財政難のため高知市独自の支援が途絶えた後も数年は継続していたが、準備や練習にあてていた「総合的な学習の時間」が削減されるにあたって連続出場が途切れたという。

ただ、中学校の体育では平成20年（２００８）の学習指導要領の改訂で、ダンスが「踊りを通じた交流のなかで仲間とのコミュニケーションを豊かにすることを重視する運動」として必修になった。よさこいは、創作ダンス、フォークダンス、現代的なリズムのダンスのなかで、フォークダンスの一つという位置づけで、「よさこい節などの小道具を操作する踊りでは、手に持つ鳴子のリズムに合わせて、沈み込んだり飛び跳ねたりする躍動的な動きで踊ること」として曲目の一つという紹介で、中学校学習指導要領解説・保健体育編で例示されている。

こういった動きのなか、高知県の体育指導者講習会のなかでも「フォークダンス」（よさこい鳴子踊り）として講義や実技指導が行われている。

いろんな実践があるなか、少なくとも体育の指導という点では、よさこいを担う若手を全国で育てていこうとする仕組み、体制が整えられつつあるということだ。

１９８０年代の高知のよさこい祭りでは、昭和63年（１９８８）の第35回よさこい祭りで既定の夜10時を過ぎても高知大丸近くで大音量を流してよさこいを踊って、警察が出動する騒ぎになる事態もあったので、大人たちの飲酒や逸脱行為に巻き込まれることを嫌って、高校生のよさこい参加を抑える風潮もあったが、今では社会人と交流することの意義、学校だけでは得られない達成感を求められることが多くなった。

大学の授業でよさこいの歴史や全国に広がっていた実態などを教えると、高知出身の学生でも、

○戦後にできた祭りだとは知らなかった
○北海道によさこいがあるとは聞いていたが、こんなに各地でやっているとは意外だ
○高知発祥のよさこいに誇りを持てた

といった感想が出てくる。

よさこい発祥の地、高知では小学生向けの副読本ではよさこい祭りの始まりや全国への広がりを取り上げているが、それ以降の中学高校の段階でよさこい祭りのことを学ぶ機会はほとんどない。

運動会などで見られる教育効果

よさこい祭り振興会では、平成27年（２０１５）10月に高知市にある全ての小中学校と幼稚園・保育園に、よさこいの振り付け、鳴子の鳴らし方解説、よさこいの歴史紹介をするＤＶＤを配った。実際に、高知市にある小学校41校のうち32校では、運動会のときに鳴子踊り

をしている。

北海道でもYOSAKOIソーラン祭りの影響で、人口10万人弱の室蘭市内の小学校の半数で、よさこいが踊られていて、団体のリズム運動として運動会で定着している、勇壮な振り付けが人気で学校によってアレンジをされていると平成20年（2008）には伝えられている。

運動会で定着するうちに、札幌市内の小学校では振り付けを6年生が5年生に教えることを学校の伝統としたり、小学生たちが通う児童会館で練習したYOSAKOIソーランの子どもチームが老人保健施設を訪問する取り組みが生まれた。

踊りを上手に見せていくためには、自分がまず技術をみがいて上達しないといけないのだが、それが徐々にみんなで力を合わせて踊る大切さを実感するようになることが教育面では期待されている。自分で自信を持つ子どもたちを育てるのにも貢献できる。

教員のみなさんらのグループで、YOSAKOIソーラン祭りをベースにダンスや運動会でよさこいを教えるテキストを作る実績ができている。

騎馬戦や組体操で運動会に参加した子どもたちがケガをする問題があるなか、集団でできるプログラムとして、各地でよさこいが踊られる側面もあるという。

さまざまな側面でよさこいを教材として学ぶことで、地域のことを学び、愛着と誇りを持てるように心がけ、自分事として地域のことを考える題材として、よさこいはいろんな示唆を若い世代に与えることができるだろう。

よさこいのさらなる広がりを

企業におけるよさこいの役割

よさこいと企業の関係でいえば、そもそも経済効果を期待して始まった祭りであるので、
○地域の活性化に協力をする
○地域の大イベントに対する社会貢献活動として取り組む
○社員の一体感を高める
○よさこいチームを企業協賛で支援する
○取引先が出るから自社も出る
○知名度と企業イメージをアップさせる
といった語り方がほとんどだった。

実際、北海道に多い大学生と企業の合同チームは、よさこいでがんばる学生たちを企業の立場で支援するものと捉えることができるし、高知に多い企業名を冠するチームも地域の代表的なイベントに協力するというスタンスを標榜するところがほとんどだろう。

ただ、「社員教育」と「よさこい」をキーワードで検索すると、ＪＲ九州のよさこいチー

ムづくりを通じた取り組みや、ソフトバンクグループで若手社員が部活として始めたソフトバンクよさこい部の活動が登場する。

平成19年（2007）には、東京の地下鉄で1編成6両の車両を、原宿スーパーよさこいの広告で埋めたことをきっかけに、東京メトロの社内で「よさこい部」を結成したこともあった。

JR九州のチームは札幌や名古屋にも遠征をして賞も取る実力チームだし、ソフトバンクよさこい部もネットを通じたクラウドファンディングでシンガポール遠征を実現させるといったように、活発な企業チームとして知られるようになってきた。

ソフトバンクよさこい部は、令和元年（2019）8月のよさこい祭りに初参加した。これで、よさこい祭りには国内の携帯電話大手がチームとして出そろったことになる。YOSAKOIソーラン祭りが立ち上がったころから、若い学生たちを応援してきたソフトバンクグループ役員の青野史寛氏が、若手社員たちのよさこいへの思いを応援していることもあって注目を集めている。

こうした、新しいタイプの企業チームのよさこいへの取り組みをインタビューしていると、新入社員や部署の縦割りをこえた交流を内部で促す、社員教育という面、何か目標を設定してクリア（失敗もふくむ）することで得られる効果、リーダーシップとフォロワーシップを学ぶことがよさこいには期待できることが分かる。

いま、時代の変化が激しいなか、企業のイノベーションを促す人材を内部で育てていく方策の一つとして、若い社員が自主的に熱心に取り組む素材としてのよさこいは貴重で、もっと実践をする企業が増えてもいいと思う。

ともすれば、商店街ににぎわいをもたらす、人が集まって地域活性化になると注目されたよさこい系イベントだが、よさこいを全国で広がっていくなかで担い手の世代交代が進まなくて中止になる、参加者が減少する事例も見えてている。

地域の電力会社といった企業が競演場の支援をして人を出すケースが高知では増えている。一方で、こういった人を育てる教育面を中心によさこいのバトンタッチができる土壌が形づくられようとしていることは、よさこい系イベントの将来を考えていくなかで育てていきたい芽だ。

海外へのよさこい展開

YOSAKOIソーラン祭りの成功以降、日本中に広がったよさこい系のイベントは、日本に留学した経験のある海外の若い人たちや、海外の日本人学校などで披露されるよさこいソーラン、そして、海外で暮らすよさこい経験のある日本人などが伝えていくことで、日本にゆかりのある人々だけでなく各地の人々に愛されて広がりを見せている。

平成15年（2003）から地球の反対側にあるブラジルで開かれているのが、「ブラジル

ＹＯＳＡＫＯＩソーラン祭り」だ。日系人社会のきずなを深めて活気を与えようと始まった。平成24年（２０１２）７月には、「夢想漣えさし」ら北海道の４団体で合同チームを結成して、ブラジル・サンパウロで開かれた10回目のブラジルＹＯＳＡＫＯＩソーラン祭りに参加し、現地の17チーム（ジュニアの部４チーム、アダルトの部13チーム）と踊った。民謡や日本舞踊のブラジルでの大会が比較的に年齢層が高めであるのに対して、若い人を含めた幅広い年齢層が参加して、出身県の枠をこえた日系人の社会の連帯を強めている。

高知県出身の大使が広げてリズム感のある踊りで注文されるアフリカのガーナ、ＹＯＳＡＫＯＩソーラン祭り関係者の交流で本格化した台湾、日系人社会で浸透したブラジル、高知市と姉妹都市交流のあるスラバヤ市で踊られているインドネシア、２桁のチーム数があると言われるベトナム、よさこいを通じた日本文化理解を進めるヨーロッパのよさこい団体……といった感じで、国際的によさこいが普及する動きが顕著だ。

「日本人学校」「よさこい」といったキーワードで検索をすると、アスンシオン（パラグアイ）、ウィーン（オーストリア）、グアム（アメリカ）、サンホセ（コスタリカ）、上海（中国）、ダッカ（バングラデシュ）、ドーハ（カタール）、ニューデリー（インド）、ハノイ（ベトナム）、パリ（フランス）、プノンペン（カンボジア）、プラハ（チェコ）、メルボルン（オーストラリア）、モスクワ（ロシア）、ワルシャワ（ポーランド）、といった15都市にある日本人学校が出てくる。ニューデリーの日本人学校では平成30年（２０１８）12月に天皇・皇后陛下の前でよさこいソーランを踊った。

令和元年（２０１９）の高知県の調べでは、世界29の国や地域でよさこいが踊られていて、海外での活動しているよさこいチームの代表者などを「よさこいアンバサダー」として認定する事業を進め、よさこい祭りへの参加も支援している。

日本全国によさこい鳴子踊りの普及を高知県として支援していたように、平成29年（２０１７）からは、海外でのチーム立ち上げやイベントの開催をしようとする際には、よさこいの振付師や指導者などの派遣を、高知県の予算から行っている。

平成30年（２０１８）開催のＹＯＳＡＫＯＩソーラン祭りのなかでは、海外からはベトナム、韓国、ニュージーランド、台湾、ロシア・サハリンという国や地域からのチーム参加がある。多国籍チーム「Another Story by 百物語」は、日本、ベトナム、フランス、オランダなど7か国からの踊り子がハノイのよさこいチームやＳＮＳでの呼びかけをきっかけに集まったチームで、日本語・ベトナム語・英語の通訳をしての参加になった。

同じ年の高知のよさこい祭りでは、ポーランドやカナダ、ドイツ、日本など12か国から参加のチーム「桜舞ポーランド国際チーム」やベトナム・ハノイ市のよさこいチームが参加した。

ポーランドから高知に踊りに来るメンバーは、それぞれ日本人の金銭感覚でいえば、１００万円ぐらいかけて高知まで足を運んでいるという。こうした海外からの参加を応援しようと、高知の若手有志らによって地方車の製作や宿の手配での協力も進んでいる。

フランスで平成30年（２０１８）に開催された「ジャポニスム２０１８」では、高知からよさこいチームとして「十人十彩」が派遣され、ヨーロッパにある複数のよさこいチームとパリで交流を行っている。

また、船で世界一周をするピースボートでは、平成31年（２０１９）4月に横浜港を出た便で高知のよさこいチーム「ほにや」から派遣されたインストラクターが船に乗り込み、乗船した人たちによさこい鳴子踊りを教えたうえで各国の寄港地で踊りを披露しませんかと呼びかけたところ、海外で自分たちの習ったよさこいを踊りたいと、40人の定員枠を超えて70人以上の申し込みがあった。

高知新港に外国から大型客船がやってきた際に、地元から歓迎によさこい鳴子踊りを披露するのは、すっかり恒例だ。

日本の生活様式や文化に憧れを抱く国や個人、そもそもダンス文化の異なる海外、また祭りについての文化習慣が全く違う外国で、どのようによさこいが受け入れられるのか、受け入れられているのか注目される。

国のレベルでは国際協力機構（ＪＩＣＡ）プログラムのなかの日本文化紹介を支援する枠組みで、南米やモンゴル、ガーナでよさこい指導をした事例が知られている。

平成29年（２０１７）には南米パラグアイに11カ月間、青年海外協力隊としてよさこい鳴子踊りを中心に日本文化を伝えるとして、京都府の大学に在学中に鳴子踊りをやっていた大阪府在住の女性が派遣することになって、同時にアルゼンチンに派遣する隊員選考が進んでいると紹介されている。パラグアイの首都アスンシオンでは、よさこいチーム「ＫＯＳＥＩ」

があって、高知出身の父親を持つ日系2世の女性が平成22年（２０１０）にチームを創設し、イベントで披露されたという。

フラメンコやフラダンスが世界の各地で踊られて日本でも教室があるように、よさこいの鳴子を通じたネットワークが世界に広がるなか、その広がりを形にして団体をつくる、世界大会が何年かに一度は開かれる、といった時期も、そんなに遠くないのではないかと思われるところだ。

東京オリンピック・パラリンピックでよさこいを

そうした、よさこいの海外展開をにらんで立ち上がったのが、「２０２０よさこいで応援プロジェクト実行委員会」だ。

よさこいを各地で主催する団体が集まって、令和2年（２０２０）に開催される東京オリンピック・パラリンピックの開閉会式などでよさこいの演舞実現を目指すとともに、オリンピック・パラリンピックを盛り上げようとするものだ。

高知県庁らからの呼びかけに対して27都府県69団体の発足から徐々に参加団体数を増やし、37都道府県の92団体が参加している。

そういった参加団体のよさこい系イベント・祭りを束ねるものとして、鳴子のロゴを使った「よさこいフラッグ」が全国を回って祭りをつなぐフラッグリレーが、東ルートと西ルートに分かれて各地のよさこいを回る取り組みは、全国のよさこい関係者にオリンピック・パラリンピックを通じて世界につながろうとする一体感を生んでいる。

高知県の尾崎正直知事（当時）も、「2020よさこいで応援プロジェクト実行委員会」に出席して議論を導くとともに、札幌のYOSAKOIソーラン祭りや名古屋のにっぽんど真ん中祭りを開催当日に訪ね、審査員に加わる熱の入れ方だ。

よさこいは高知県を世界に発信していくうえで「最強のコンテンツ」だと、尾崎知事もインタビューで答え、全国的なネットワークがあり、オールジャパンで踊っているよさこいならば、特定の地域に偏らず全

オリンピックでのよさこい演舞を目指してフラッグリレー（瑞浪バサラカーニバル）

国のいろいろな文化をPRすることもできるのではないかと述べている。

これまでも、YOSAKOIジャパン全国連絡協議会といった団体の活動で、全国のよさこいの輪をつなごうとしていることはあったが、「2020よさこいで応援プロジェクト実行委員会」によって、初めてよさこい系イベントの主催団体が一堂に集まる場ができた印象を持つ。

東京オリンピック・パラリンピックでよさこいが披露されれば、多様な価値観を認める自由なよさこい形式の祭りが日本や世界各地に広がって、交流の祭りとしてつながっていることを示す絶好の機会になるだろう。

長かった1年納めのよさこいとして岐阜県瑞浪市で定着している「バサラカーニバル」でのよさこいチームの踊り子たちがそれぞれのコスプレ姿で踊る総踊りの様子は、夏のオリンピック閉会式で競技を終えた選手たちが思い思いのスタイルで入場する姿と通じるものがある。

多様なチームのそれぞれに意匠を凝らした踊りを各地で披露するよさこいは、オリンピックの掲げる価値観と通じるものがある、親和性が高いとして、何らかの形でよさこい演舞が実現してほしいものだ。

北海道・洞爺湖サミットでは、各国首脳の前でYOSAKOIソーラン祭りの代表的な2チームの踊りが披露されたように、日韓開催のサッカーのワールドカップの試合前アトラクションに横浜国際競技場でよさこい系のハマこい踊りが登場したように、世界の舞台でよさこい鳴子踊りが登場することを願っている。

よさこい祭りとともに生まれた鳴子も、民族や国境を越えて誰もつながることのできる平和のシンボルとしてアピールできるだろう。

前回のブラジル・リオデジャネイロのオリンピックでは、ジャパンハウス内の都道府県ブースでよさこいのパネル設置やパンフレットの配布を行った。

今回のオリンピック・パラリンピックを契機によさこいの海外展開に拍車がかかって、世界的な認知度が高まることを期待したい。

そして、今回の取り組みによって全国で組織化されたよさこいネットワークが、令和2年（2020）以降のオリンピック・パラリンピックが終わった後でも継続し、鳴子の輪でつながるみんなでよさこいの価値を高めていけるようになればと期待している。

今後の展望

これまで、高知を舞台によさこい祭りがどのように誕生して進化し、今に至ったのか。平成4年（1992）のYOSAKOIソーラン祭りの誕生から成長が全国によさこいが広がるきっかけを作りだし、平成の時代を通じてどのように交流する祭りとして定着したのか。そして、現状の課題とこれから期待できる芽のことについて、いくつかのトピックスにふれながら記述してきた。

平成における各地のよさこい系イベントができたこと、全国200カ所以上での交流する祭りの誕生は、インターネットの普及という1990年代後半以降の情報基盤にも支えられて、日本で最大規模の交流する祭り、おそらく世界でも稀有な事例として述べることができる。


たかがよさこい、されどよさこいといった奥の深さを感じてもらえただろう。


よさこい系イベントの隆盛を、商店街の振興や地域活性化という側面で語ってきたなか、参加チーム数や観客数がふるわなくて行き詰まった感のあるよさこい系イベントもあるが、一方で文化的な意義や教育面での効果への期待を近年は感じる場面が目立ってきた。

そうした文化的な意義や教育面での効果を示して検証していくためには、よさこいに関する事例や資料を全国的に丁寧に収集し、評価をし、保存して見せていくソフト面の動きとハード面での整備が必要だ。

高知県立図書館では、平成30年（2018）7月にオーテピア高知図書館として規模を大きくしたことをきっかけに、「よさこい」に関係する図書・パンフレット・リーフレットなどを「高知ならではの資料」と位置づけ、動画・音楽などの視聴覚資料を含めて全国から積極的に収集したいとしている。

高知よさこい情報交流館も博物館相当施設ではない限界はあるが、よさこい祭りの昔の資料を集める取り組みもやっている。正調よさこい鳴子踊りを伝えている若柳由喜満さんのような方からの聞き取りや踊りの伝承をすることも大切だ。

こうした積み重ねを繰り返すことで、全国でよさこい巡回展がそれぞれのよさこい系イベントが行われている地域を回っていくことができるぐらいの素地はあるだろう。

そんな取り組みを通じて総合的な視点に立ってよさこいを評価し、成功例をつくってきた良い実践から学び合うことが、「交流する祭り」であるよさこいでは可能だ。

よさこい発祥の地、高知ではよさこい祭りが創造的なチームの参入を拒まない交流する祭りであったがために、これだけ全国的にたくさんの人々に受け入れられ、世界でもまれな広がりを見せているとの認識に立って、交流する祭りのなかで発祥の地として何ができるのか、何をすべきなのか、さまざまな実践が活発にされることを期待したい。

一方、高知県以外のよさこい系イベントをこの30年間で取り入れた地域では、すでに祭りのスタート時点で交流する祭りであったことをふまえ、それぞれの地域の特徴に応じたイベントの工夫や多様な背景を持つよさこいチームの育成に取り組んでほしい。

よさこい鳴子踊りの持つ、多彩な人と人を結びつける力、チームとして人を成長に導く力を活かすことで、だれかが得をすればだれかが損をするゼロサムのパワーゲームではなく、参加する人々全体の満足感を高めていくことにつながるようにしたい。

逆に言えば、交流する祭りであるよさこいには、そういった力があったからこそ、これだけ各地で広がったのだ。

言い換えると、高知のよさこい祭りは交流する祭りとして進化を遂げていたため、高知から札幌にYOSAKOIソーラン祭りとして飛び火したのをきっかけに、全国200カ所以上によさこい系イベントが開かれているということだ。

もちろん、それぞれの祭りを担う地域の人々には、それぞれの地域への誇りを持つがゆえに、安易に真似をした、真似をされたことを否定的にとらえる向きもあるだろうが、緩やかにつながってきたことが現在のよさこいの広がりを築き、よさこい系イベントの進化を促して、さまざまなプラスの影響を与えてきたことは、すでにここまでの論を読まれた方には十分に理解していただいたと思う。

懸念すべきことは、変化が止まってしまうこと、若者の心からよさこいが離れてしまうこと、そして、交流する祭りとしての本質が失われてしまうことだろう。

主な参考文献

池田晃久（2018）「日本を代表する祭り「よさこい」を世界へ―2020年東京オリンピック・パラリンピックを契機としたインバウンド拡大を目指して―」『地域づくり』
伊藤亜人（2006）『東アジアからの人類学―国家・開発・市民』風響社
伊藤亜人（2009）「祭りの創造と参加に見る市民形成と地域活性化に関する人類学的研究」『科学研究

費補助金研究成果報告書』
井上　昇（２００３）「広がる高知の『よさこい祭り』（前編）―創成期から現在まで―」『地理』48―7
岩井正浩（２０１６）「子どもたちの夏：高知市南海中学校のよさこい祭り」『愛知淑徳大学教育学研究科論集第６号』
内田忠賢編（２００３）『よさこい／ＹＯＳＡＫＯＩ学リーディングス』開成出版社
内田忠賢（２０１１）「高知「よさこい祭り」―進化しつづける祭りの原点」『土佐の歴史と文化』早稲田大学日本地域文化研究所編
岡崎直温（２００６）『よさこいはよさこいじゃき』イープレス出版
岡林直裕（２０１８）『よさこいの「かたち」高知65年目の夏』高知新聞社（記事連載）
北川泰斗（１９９６）『街は舞台だ　ＹＯＳＡＫＯＩソーラン祭り』高知新聞社
杉本正博（２０１８）「２０１7よさこい祭りの経済波及効果」『四銀経営情報』四銀地域経済研究所
坪井善明・長谷川岳（２００２）『ＹＯＳＡＫＯＩソーラン祭り　街づくりＮＰＯの経営学』岩波書店
松平　誠（１９９０）『都市祝祭の社会学』有斐閣
松平　誠（２００８）『祭りのゆくえ　都市祝祭新論』中央公論新社
森田三郎（２０００）「祭りの創造：よさこいネットワークを考える」『祝祭の１００年』ドメス出版
矢島妙子（２０１５）『「よさこい系」祭りの都市民俗学』岩田書院
ＹＯＳＡＫＯＩソーラン祭り組織委員会・ＴＯＳＳ体育よさこいソーラン研究会編（２００６）『ＹＯＳＡＫＯＩソーランの教え方・指導者用テキスト』明治図書

よさこい祭り20年史編纂委員会（１９７３）『よさこい祭り20年史』よさこい祭り振興会
よさこい祭り40周年記念史実行委員会（１９９４）『よさこい祭り40年』よさこい祭り振興会
よさこい祭り振興会（２００４）『よさこい祭り50年』
よさこい祭り振興会（２０１５）『よさこい祭り60年』

記事検索…朝日新聞、高知新聞、北海道新聞
写真協力提供…よさこい祭り振興会、ＹＯＳＡＫＯＩソーラン祭り組織委員会

あとがき

高知市出身の自分が東京在住の学生時代に、北海道でYOSAKOIソーラン祭りの立ち上げに深く関係してから30年近くが過ぎた。

この間、よさこいを自分の仕事とすることはなかったものの、創立に関係したものの責任というほど大げさなものではないが、高知発祥のよさこいの広がりを後押ししたいとの思いで三重、高知と拠点を変わっても、鳴子の縁をつなぐ交流はずっと続いてきた。

安濃津よさこいの立ち上げや高知県庁で知事秘書として全国への広がりで相談を受けていたこともあって、高知のよさこい祭りにどっぷりつかるというよりは、6月に札幌YOSAKOIソーラン祭り、8月に高知よさこい祭りと名古屋のにっぽんど真ん中祭り、そして、10月の安濃津よさこいと、それぞれの祝祭イベントのなかで頻繁に会うよさこい恩師・仲間との出会いを通じて、高知発祥のよさこいについて、自分も当事者として関係しながらずっと観察をしてきた。

それをひとまず、このような形でまとめてみた。

こうして、まとめる作業を始めてみると、「よさこいにおける女性の活躍」「高知のまちづくりとよさこい祭り」「よさこいを文化財に」「学校教育でのよさこい」「海外で広がっている実態を伝える」「よさこい的に進化する現代の祭り」といったテーマで深堀りをもっとしたいと考えることもあったが、いつまでもそれではきりがないと区切ることにした。一つは、YOSAKOIソーラン祭り30周年を、一つは、東京オリンピック・パラリンピックのよさこい披露を考えての一冊だ。

一冊にまとめるにあたって、さまざまな先行研究や新聞記事検索をして調べるなかで、思いのほかよさこい系イベントが広がるなかで作成したパンフレットやチラシのような資料が探せないことに気がついた。インターネットの普及で現在の姿を調べることは容易になっているものの、10年前、20年前のことをネットで調べるには限界が多く、やはり紙の姿で図書館などに保存されることが大切だと思った。

それでも何とか執筆を進めることができたのは、よさこい関係でつながったみなさん、そして、インタビューや高知大学のよさこい概論授業にご協力いただいたみなさんのお力添えがあったことだと、それぞれのお名前を出すのは控えるが、心からの感謝を申し上げたい。

戦後、高知で生まれ育ったよさこい鳴子踊りが、どのように全国展開をして、国内最大の交流する祭りとしてどのような役割を果たしたのか、果たそうとしているのか、自分自身の視点から力不足を感じながら、さまざまな記録や研究から示唆をいただきながら記述をしてみたつもりだ。

率直なご意見、感想をいただけると幸いです。

日本各地のよさこい

平成31年(2019)3月　高知よさこい情報交流館調べ

北海道

札幌市　YOSAKOIソーラン祭り
札幌市　YOSAKOIソーラン（すすきの祭り内）
札幌市　さっぽろ雪まつりスペシャルステージ
　　　　"YOSAKOIソーラン"
帯広市　十勝支部大会「十勝YOSAKOIソーラン」（単独開催）
室蘭市　胆振・千歳支部大会YOSAKOIソーラン in むろらん
　　　　（H30 は室蘭港まつりにて実施）
小樽市　後志支部事業「潮YOSAKOI&ダンスステージ」
　　　　（H30は小樽潮まつりにて実施）
恵庭市　YOSAKOIソーラン祭り道央支部フェスティバル
　　　　（H30は恵庭YOSAKOIソーランわくわく
　　　　フェスティバルと実施）
函館市　道南大会（単独開催）
旭川市　上川中央支部大会（単独開催）
紋別市　オホーツク支部大会
　　　　（H30は紋別　流氷公園まつりにて実施）
平取町　日高支部大会
　　　　（H30は平取沙流川まつりと実施⇒震災の影響で中止）
栗山町　空知支部事業
　　　　（H30は栗山天満宮秋季例大祭にて実施）
旭川市　上川中央支部大会 かみどん祭（単独開催）
H30は実施なし　釧根支部大会
H30は実施なし　北・北海道支部大会
H30は実施なし　学生支部大会
千歳市　スカイ・ビア & YOSAKOI祭
旭川市　旭川夏まつり
恵庭市　YOSAKOIソーランわくわくフェスティバル
江別市　えべつ北海鳴子まつり
釧路市　阿寒ふるさとほろろんまつり

青森県

青森市　AOMORI春フェスティバル
青森市　コスモス・よさこいソーランまつり
十和田市　とわだYOSAKOI夢まつり
弘前市　よさこい津軽
下北郡東通村　ひがしどおり来さまいフェスタ

岩手県

盛岡市　YOSAKOIさんさ
岩手郡雫石町　よしゃれまつり
奥州市　奥州YOSAKOI in みずさわ
奥州市　奥州前沢よさこいFesta

宮城県

仙台市　みちのくYOSAKOIまつり
栗原市　くりこま山車まつり
栗原市　栗原よさこい祭り
登米市　YOSAKOI&ねぷた in とよさと

秋田県

大仙市　八乙女よさこい祭

潟上市　天王グリーンランドまつりヤートセ選手権
秋田市　ヤートセ秋田祭 in 秋大祭
横手市　あきたYOSAKOIキッズ祭り
大館市　おおまちハチ公よさこいまつり

山形県

東根市　ひがしね祭
村山市　むらやま徳内まつり
鶴岡市　おいやさ祭り

福島県

郡山市　つくしまYOSAKOIまつり
いわき市　いわき・ら・ら・ミュウYOSAKOI舞祭
須賀川市　長沼まつり
本宮市　あだたらYOSAKOIまつり（本宮市夏まつり）

茨城県

神栖市　かみす舞っちゃげ祭り
那珂市　八重桜まつり
久慈郡大子町　常陸国YOSAKOI祭り

栃木県

宇都宮市　ふるさと宮まつり
小山市　おやまサマーフェスティバル（よさこいおやま）
河内郡上三川町　夕顔サマーフェスティバル in かみのかわ
鹿沼市　YOSAKOIかぬまフェスティバル
大田原市　下野YOSAKOI与一まつり

群馬県

前橋市　前橋まつりだんべえ祭部（前橋だんべえ踊り）
高崎市　たかさき雷舞フェスティバル

桐生市　ダンス八木節

埼玉県

さいたま市　浦和まつり南浦和会場（浦和よさこい）
坂戸市　坂戸よさこい
朝霞市　朝霞市民まつり彩夏祭（関八州よさこいフェスタ）
飯能市　飯能さくらまつり
飯能市　飯能まつり
草加市　草加駅前よさこいサンバフェスティバル
深谷市　深谷まつり
深谷市　おかべコスモス祭（関東YOSAKOIそうなん）
鶴ケ島市　ワカバウォークよさこい
北本市　北本よさこい in きくまつり
所沢市　ところざわYOSAKOI「元気」フェスタ
比企郡小川町　工芸の里まつり
富士見市　つるせよさこい祭り
春日部市　第55回道の駅　庄和　チャリティー演舞

千葉県

香取市　おみがわYOSAKOI
木更津市　かずさYOSAKOI「木更津舞尊」
南房総市　まほろば夢楽まつり
大網白里市　地曳きまつり　浜まつり
匝瑳市　よかっぺまつり
茂原市　YOSAKOI夏の陣（茂原七夕まつり）
長生郡睦沢町　睦沢町農林商工まつり
ちばYOSAKOI
市川市　第11回ウエル COME LIVE
銚子市　黒潮よさこい祭り

東京都

渋谷区　原宿表参道元氣祭スーパーよさこい
港区・千代田区　ドリーム夜さ来い祭り
江東区　ザ・よさこい！大江戸ソーラン祭り
練馬区　よさこい祭り in 光が丘公園
江戸川区　江戸川よさこい Myフェスタ
豊島区　東京よさこい（ふくろ祭り）
調布市　調布よさこい
立川市　立川よいと祭り
日野市　ひのよさこい祭り
府中市　けやきフェスタよさこい in 府中
多摩市　たまよさこい
八王子市　踊れ西八夏まつり
町田市　町田夢舞生ッスイ祭
品川区　中延よさこい祭り
新宿区　東京舞祭
東村山市　どんこい祭

神奈川県

伊勢原市　ISEHARAソーレパレード
小田原市　ODAWARAえっさホイおどり
横浜市　ヨコハマカーニバル（ハマこい）
相模原市　相模原よさこいRANBU！
大和市　渋谷よさこい
平塚市　湘南よさこい祭り
足柄下郡真鶴町　真鶴よさこい大漁フェスティバル
足柄上郡山北町　ソーラン山北よさこいフェスティバル
足柄上郡大井町　大井よさこいひょうたん祭

山梨県

北杜市　北斗よさこい祭り

長野県

安曇野市　YOSAKOI安曇野
長野市　NAGANO善光寺よさこい

新潟県

新潟市　にいがた総おどり
新発田市　城下町新発田まつり
柏崎市　どんGALA！祭り
阿賀野市　ふるさとだしの風まつり

富山県

魚津市　よっしゃ来い!! CHOUROKUまつり
富山市　よさこいとやま
南砺市　南砺菊まつり

石川県

七尾市　能登よさこい祭り
羽咋郡押水町　YOSAKOIソーラン日本海

福井県

福井市　YOSAKOIイッチョライ

岐阜県

瑞浪市　瑞浪美濃源氏七夕まつり
瑞浪市　瑞浪バサラカーニバル
各務原市　中山道鵜沼宿まつり
各務原市　ろっけん通り歩行者天国（六軒通りおどりん祭）

静岡県

静岡市　ざぁ静岡はぐしゃれ夢まつり
静岡市　静大祭

伊東市　冬のよさこいソーズラ祭り
富士市　あっぱれ富士　富士山 Art Performance Festival
沼津市　吉原宿宿場まつり
浜松市　よさこい東海道
　　　　浜松がんこ祭

愛知県
名古屋市　にっぽんど真ん中祭り
豊川市　よさこいinおいでん祭
一宮市　おりもの感謝祭　一宮七夕まつり
東海市　東海秋まつり
豊橋市　のんほいよさこい～ええじゃないか！祭り～
愛知郡東郷町　郷町文化産業まつり
犬山市　犬山踊芸祭

滋賀県
甲賀市　ござれGO－SHU
長浜市　長浜あざいあっぱれ祭り

三重県
津市　津まつり「安濃津よさこい」
津市　新町フェスタ
津市　しらさぎフェスタ（旧：情熱よさこい祭りinしらさぎ
　　　東西踊り合戦）
津市・鈴鹿市　一祭合祭
伊勢市　よさこいソーランフェスティバル in 朝熊
伊勢市　25h伊勢志摩舞祭り
四日市市　四日市よさこい祭りやったろ舞
鈴鹿市　すずかフェスティバル

京都府
京都市　京都さくらよさこい
京都市　龍馬よさこい
綾部市　あやべ良さ来い

大阪府
大阪市　大阪メチャハピー祭
大阪市　こいや祭り
藤井寺市　よさこいインふじいでら
泉佐野市　ザ・まつり In Izumisano
泉佐野市　泉州YOSAKOI「ゑぇじゃないか祭り」
箕面市　箕面まつり
堺市　堺まつり
堺市　堺よさこいかえる祭り

兵庫県
神戸市　神戸よさこいまつり
神戸市　KOBE ALIVE
小野市　おの恋おどり
加古川市　踊っこまつり
姫路市　夢さきふるさとまつり
姫路市　ひめじ良さ恋まつり
明石市　明石子午線どんとこいまつり
相生市　相生ペーロン祭
たつの市　みつ海まつり〝サンセットフェスティバル〟
赤穂市　赤穂でえしょん祭り

奈良県
奈良市　バサラ祭り
香芝市　香芝ふれあいフェスタ

和歌山県

和歌山市　おどるんや～紀州よさこい祭り～
和歌山市　ちかよさ
橋本市　紀の国いっとこよいやなデバ祭
田辺市　紀州弁慶よさこい踊り
橋本市　紀の国やっちょん祭り
海南市　ふるさと海南まつり
御坊市　みやこ姫よさこい祭り

鳥取県

八頭郡智頭町　来んさい！　見んさい！　踊りん祭!!
米子市　がいな祭り

島根県

出雲市　斐川だんだんよさこい祭

岡山県

岡山市　うらじゃ

広島県

広島市　ひろしまフラワーフェスティバル（きんさいYOSAKOI）
呉市　よっしゃこい祭
福山市　福山夏まつり（いろは丸YOSAKOI）
福山市　ふくのやまよさこい

山口県

岩国市　岩国祭
岩国市　にしきふるさとまつり
宇部市　黄金伝説よさこいフェスタ in 新川市まつり
山陽小野田市　寝太郎まつり

香川県

高松市　さぬき高松まつり
高松市　YOSAKOI高松祭り
観音寺市　観音寺銭形まつり
丸亀市　まるがめ婆娑羅まつり

愛媛県
大洲市　えひめYOSAKOI祭り
今治市　今治よさこい祭り
高知県

高知市　よさこい祭り
安芸市　納涼市民祭
香美市　土佐山田まつり
四万十市　よさこい四万十2018
四万十町　台地祭り
香南市　みなこい港祭り

福岡県

福岡市　ふくこいアジア祭り
北九州市　関門よさこい大会
北九州市　黒崎よさこい祭り
うきは市　うきはYOSAKOI祭り
太宰府市　大宰府門前真舞祭
糟屋郡粕屋町　YOSAKOIかすや祭り
小郡市　小郡市民まつり
久留米市　よさこいみづま
久留米市　水の祭典久留米まつり

大分県

大分市　豊の国YOSAKOIまつり
佐伯市　佐伯・番匠YOSAKOIまつり

佐賀県

佐賀市　佐賀城下栄の国まつり
佐賀市　Ｈａｐｐｙ ＹＯＳＡＫＯＩ Ｓａｇａ
佐賀市　佐賀城 ＹＯＳＡＫＯＩ 春の舞

長崎県

長崎市　ひがながＹＯＳＡＫＯＩ
東彼杵郡川棚町　かわたな〝かっちぇてＹＯＳＡＫＯＩ祭り〟
佐世保市　ＹＯＳＡＫＯＩさせぼ祭り
佐世保市　江迎千灯籠まつり
平戸市　たびら春まつり
平戸市　平戸南風夜風人まつり
大村市　ＹＯＳＡＫＯＩダンスバトル in ボートレース大村

熊本県

熊本市　火の国ＹＯＳＡＫＯＩまつり
荒尾市　さのよいファイヤーカーニバル
荒尾市　あらお荒炎祭

宮崎県

宮崎市　まつりえれこっちゃみやざき
宮崎市　hinata よさこいみやざき

鹿児島県

鹿児島市　かごしま春祭大ハンヤ
志布志市　志布志お釈迦まつり
志布志市　志布志みなとまつり
薩摩川内市　市比野温泉よさこい祭り

プロフィール

川竹大輔（かわたけ　だいすけ）

昭和44年（1969年）生まれ、高知市出身。

朝日新聞記者、三重県津市議会議員を経て、平成12年（2000年）から橋本大二郎高知県知事の特別職秘書、安芸市助役、NPO役員などを務める。

平成28年（2016年）から高知大学次世代地域創造センターCOC＋推進コーディネータ　特任准教授。

メールアドレス：byq01116@nifty.com

著書：『唐人踊り読本』、『2116票の重み　唐人市議の4年間』『いなか地デジ化ものがたり』『改革派知事の時代－地方から日本は変わったのか－』

よさこいは、
なぜ全国に広がったのか
～日本最大の交流する祭り～

２０２０年2月25日　初版第一刷発行
２０２０年3月25日　初版第二刷発行

著　者　川竹大輔
発行人　坂本圭一朗
発行所　リーブル出版
〒７８０-８０４０
高知市神田２１２６-１
ＴＥＬ０８８-８３７-１２５０
装　幀　島村　学
印刷所　株式会社リーブル

ISBN 978-4-86338-266-4